良好教学效果的12试金石

[美] 布赖恩·古德温（Bryan Goodwin）/ 伊丽莎白·罗斯·哈贝尔（Elizabeth Ross Hubbell） 著

The 12 Touchstones Of Good Teaching:

A Checklist For Staying Focused Every Day

每天都需专注的事情清单

中国青年出版社
CHINA YOUTH PRESS

图书在版编目（CIP）数据

良好教学效果的12试金石：每天都需专注的事情清单 /
（美）哈贝尔，（美）古德温著；刘晗译.
—北京：中国青年出版社，2014.10
书名原文：The 12 touchstones of good teaching: a checklist for staying focused every day
ISBN 978-7-5153-2628-3
Ⅰ.①良… Ⅱ.①哈… ②古… ③刘… Ⅲ.①教学效果—研究 Ⅳ.①G42
中国版本图书馆CIP数据核字（2014）第189210号

良好教学效果的12试金石：每天都需专注的事情清单

作　　者：[美] 布莱恩·古德温　伊丽莎白·罗斯·哈贝尔
译　　者：刘　晗
策划编辑：龙彬彬
责任编辑：肖　佳　杨　迪
美术编辑：张燕楠　东晶工作室
出　　版：中国青年出版社
发　　行：北京中青文文化传媒有限公司
电　　话：010-65511270/65516873
公司网址：www.cyb.com.cn
购书网址：zqwts.tmall.com　www.diyijie.com
制　　作：中青文制作中心
印　　刷：三河市文通印刷包装有限公司
版　　次：2015年1月第1版
印　　次：2015年1月第1次印刷
开　　本：787×1092　1/16
字　　数：115千字
印　　张：15
京权图字：01-2014-1638
书　　号：ISBN 978-7-5153-2628-3
定　　价：29.90元

THE 12 TOUCHSTONES OF GOOD TEACHING

目 录

第 2 部分　鼎力相助

第3部分　目的明确

THE 12 TOUCHSTONES OF GOOD TEACHING

引　言

“女士们先生们，飞机正在安全行驶”，空乘迈克尔·冯·莱茨在安抚澳洲航空QF32航班上受到惊吓的乘客时说道，“请大家坐好，机长将与你们对话。”然而，他在说这句话时自己心里也没底，因为驾驶舱的电话根本打不通。

就在2010年11月4日的清晨，在飞机从新加坡飞往悉尼的途中，机舱突然剧烈晃动，紧接着人们听到“弹珠滚过瓦楞铁皮屋顶”的声音。从窗外望去，可以看到飞机的一个发动机发生了爆炸，而由爆炸产生的巨大力量足以将飞机的右翼像一个沙丁鱼罐头一样瞬间被撕开。爆炸的碎片撞向机身，燃油从引擎中一股股流出。

然而，这一切本不应该发生。要知道，迈克尔·冯·莱茨和其他468位乘客以及所有机组人员所乘坐的可是世界上最新、最大、最先进的飞机。

警铃响彻机舱。到处都闪烁着红色的报警灯。机长德克里皮尼和其他三名飞行员正试图保持冷静，想办法弄清到底发生了什么。二号引擎已经炸开。第一、三、四号引擎也在逐渐失效。然而，据机长德克里皮尼回忆，当时这些都不能算是当务之急。最糟糕的是，飞机上的燃油泵全部失灵了，没有办法将燃料从受损的引擎输送到其他引擎当中去。燃料越来越少，而且当时还不确定这些仅存的燃料是否够飞机返回新加坡紧急迫降。

看到飞机失事的目击者们随即将这一消息发布到了社交网站Twitter上。消息以迅雷不及掩耳之势传播开来。在爆炸后的第十三分钟，澳航的股票价格就开始大幅跌落。

当QF32航班快要到达机场时，德克里皮尼意识到，虽然渡过了燃料的难关，但另一个生死考验马上就要来了。飞机速度如此之快，其体积又如此庞大，足足有42吨。再加上液压系统故障导致飞机的刹车系统功能降至原先的64%，而且反向推进器也无法全速运转。即便德克里皮尼能让飞机安全着陆，他又如何能让它停下来？

当飞机接近跑道时，失速警告铃响起。由于飞机当时的飞行速度极慢，正面临着失去升力的危险。这是因为飞机上的计算机和飞行仪出了故障，让他们油门收得过猛。

不论做什么都为时已晚，因此德克里皮尼别无选择，只能瞄准跑道，给飞机留出尽可能多的空间迫降。当飞机着陆时，德克里皮尼让自己的后背抵住座椅靠背，用尽全力踩着制动踏板。最后，飞机奇迹般地顺利着陆，在这一切惊心动魄之后，终于安全地停了下来。和往常一样，迈克尔·冯·莱茨对着对讲机说道：“女士们先生们，欢迎来到新加坡……我想你们也会觉得这次着陆十分精彩。”

之后，澳大利亚举国上下将机长德克里皮尼称为英雄。当然，他那炉火纯青的驾驶技术和沉着冷静的心理素质离不开他在澳大利亚皇家空军所受的15000小时的飞行训练。这不仅保障了飞机的安全着落，还让所有的乘客在遭受这场航空史上最严重的劫难之时能够安然无恙。

然而，在QF32航班的传奇之中却还暗藏玄机。当所有的技术设备、传感器，以及计算机在数百万美元的飞机上失效时，一张简单的清单却在背后起着至关重要的作用。

德克里皮尼和他的副驾驶马特·希克斯准备了120张应急工作清单，把一系列问题都串联起来。在这次严峻的考验中，正是这些清单让整个机组人员时刻保持冷静，专注于最重要的事情，最终保证了飞机安全着陆。

清单能够帮助教师吗

这本书开始于一个简单的问题：虽然清单这种简单的“技术”在航空领域中十分有效，但它能否真正运用到教学领域中呢？

你可能会说，这太荒谬了，教学和驾驶飞机完全是两码事儿。孩子又不是机器，他们并不会对一步步的程序作出回应。不管你事先做了多少种假设，他们都会让你措手不及。

确实如此，但是再看看医院手术室和急诊室，当患者的疾病尚未确诊时，可能有意想不到的并发症。因此，手术时，医生常会发现其他的病症。这时候就需要医护人员当机立断，做出生死抉择。

在2009年出版的《清单革命：如何持续、正确、安全地把事情做好》（*The Checklist Manifesto：How to Get Things Right*）一书中，外科医生阿图·葛文德试图将航空清单应用到情况复杂的急诊室之中。这样一来，急诊室里那些聪明能干、受过良好教育的人们就不会因一时疏忽而犯下致命的错误。结果是令人震惊的。一张清单，让八所医院的重大并发症爆发率下降了36%，死亡人数减少了47%，足足拯救了150条生命。在约翰·霍普金斯医院，一个简单的静脉注射五步清单（洗手、皮肤消毒、覆盖无菌手术巾、戴上口罩并穿上无菌服，最后将无菌敷料盖在感染的地方）让感染率从11%降到了零。清单风靡了整个密歇根州，人们用1.75亿美元拯救了1500条生命。

我们不禁要追问，清单如果用于教学，也会有如此积极的效果吗？

如果换种方式效果更好呢

将清单用于医学领域所获成效的确令人振奋。然而，教育孩子可是另外一回事，不能像外科手术那样循序渐进地按照步骤进行。这是一个更加复杂的问题。教师必须充分了解学生，并根据他们的个人需要作出有针对性的回应。在这个过程当中，毫无公式或程序可言。

然而，通常情况越复杂，简明扼要的清单起的作用就越大。清单能在医疗中起作用，并不是因为医护人员们都反应迟钝或者工作时心不在焉，而是因为他们总是想将大量的信息运用到实践当中。

同样，教育也未获得持久的成功。全美国有将近四分之一的学生无法顺利毕业。而那些毕业的学生，又有超过三分之一尚未做好就业或者继续进修的准备，因此，美国成为世界上辍学率最高的国家，辍学率高达40%。

虽然这并不全是教师的过错。然而，几十年的研究表明，有能力的教师的确可以对学生产生积极深远的影响，并帮助他们获得成功。从统计学的角度来讲，通常排在前五名的教师可以说是出色的教师，他们能让学生在一年12个月里学到18个月的知识量。听上去很惊人。

一名出色的教师怎样做才能达到如此的效果呢？幸运的是，几十年的教育研究为我们提供了丰富的洞见，让我们能够识别出对学生产生较大影响的教师行为。

此外，研究还发现，教师有时会将大量的时间浪费在无用功上，或者开展一些毫无效果的活动。试想一下：要是飞行员无需过多费神就能保证飞机安全降落，护士也无需投入额外的精力去反复查看病人是否感染，该有多好。其实，他们只需要在驾驶舱或手术室中换种思维方式，采取不同的行动，仅此而已。

在很大的程度上，同样的事情在教育上也是行得通的。有能力的老师不会因为学校校历安排的不同而影响教学计划或者拖堂，他们只是在既定的时间内采用了不同的做事方式。或许你会产生这样的困惑：在课堂上，我应当怎么做才能帮助更多的学生进步呢?

如果每天换种方法做一件事情，就可以帮助一个学生做得更好，你会去做吗？如果做这样的三件事可以帮到三个学生呢？如果你每天只需要做十二件事就能帮助全班学生，你会去做吗?

有好方法何不付诸实践呢

既然我们已经对优质教学有了一定的了解（事实上这从不是秘密），我们当然期望能够将这些基于实践的研究广泛地应用到尽可能多的课堂中去。然而事与愿违。教师们一心想将研究中得出的结论应用到教学实践之中，却苦于无从下手。甚至在一些课堂上，基于研究的实践根本不存在，取而代之的是大量的练习、判断对错测验，以及简单的问答题。有时，教师可能使出浑身解数创新教学，却常常在执行时功亏一篑。

来自弗吉尼亚大学的研究员罗伯特·皮安塔和他的同事们调查了994名美国各地的学生，他们分别来自一、三、五年级。调查发现，有9%的学生接受的教育质量低下，并且从来得不到任何心灵上的关怀；而两者兼得的学生只有7%。既然我们已经了解了很多关于提高学生学习的方法，为什么我们不能将它们自始至终应用到所有的课堂教学中呢？说得更明确一些，如果我们知道怎样做才能更好，为什么我们不去做呢？

信息超负荷时，我们何去何从

其实，教育工作者们应该感到欣慰，因为他们在将知识融入实践这一方面并非孤军奋战。在医学界，需要花费长达十七年的时间，才能将一些研究成果应用到大部分患者身上。葛文德指出：“个中原因并非懒惰或者不积极。更多的时候，是因为人们还没有找到简单实用的方法。”在医学界，每年医生们都不得不面对多达七十万篇医学期刊文章，如同洪水般袭来。因此，就像“当汹涌如潮的信息将我们淹没时，我们唯一能做的就是不断地吸收，将其内化”。

听起来相当熟悉吧？

在他上一本书《越简单越好》（*Simply Better*）中就指出，教育工作者的遭遇与医生类似，也在洪水般的信息中饱受煎熬。

教师们每天面对无数的教育类研究、文章以及报告。从某些方面看，这和接收广播信号有着异曲同工之妙。在静电的干扰下，无论是贝多芬的月光奏鸣曲，还是深夜谈话类节目听起来都会夹杂着噼啪声或者嘘嘘的口哨声。事实上，教育领域中报告、信息和观点中的诸多优势有可能淹没了主要思想，特别是其中最关键的基本原则，尤其是关乎所有学生提高成功概率的时候。

正是出于教学复杂性的原因，我们才产生了为教师提供一个清单的最初想法。教育工作者发现，学校教育的五个高效元素能够帮助他们理清思路、组织想法，我们不禁猜测，同样的思路是否可以用到教学中。

在这方面，航空业已经开发出了一个标新立异却收效甚好的方法，帮助飞行员将新的知识应用到实践中。让我们看看葛文德所讲述的这则故事。2008年1月，在从北京飞往伦敦的途中，一架英国航空的航班发动机突然失灵，当时距离伦敦希思罗国际机场还有两英里的距离。飞机如陨石一般从天而降，以每小时124英里的时速撞击在了地面上。令人吃惊的是，飞机上居然没有一人受重伤。飞机安全调查员在对受损飞机仔细检查后最终确定，事故的原因是，当飞机穿越北极时在燃油管路形成了冰晶。

作为回应，美国联邦航空管理局发布了一篇冗长的报告，告知飞行员如何避免此类事故，如果发生了，又该做些什么。波音公司的一个研究小组花费了两个星期反复推敲这份报告，修订为标准清单模式，专门用于横越南北极的航班。随后分发上传到所有波音飞机的驾驶舱计算机中。

几个月之后，一架从中国上海飞往亚特兰大的航班也经历了一场同样的事故。飞机当时高悬于36000英尺蒙大拿州大瀑布之上，机组人员根据清单内容立刻重启发动机，防止其他引擎陷入故障。最终，一张清单挽救了247人的生命。

一份可以实时更新内容、实用可行的清单正是我们所需要的。教育工作者可以向航空业学习，迈出自己的第一步吗？我们能不能提供一个简单实用的方法，从数以千计的研究报告、书籍和文章之中提取出所需内容，让教育工作者立即应用到课堂上呢？

如何整合信息并保持专注

知识资源过剩给教育工作者们带来了另一个挑战：很难找出合适的方

法将各种各样的知识整合在一起。正如葛文德从医疗领域中看到的那样，“我们痴迷于那些最高端的医药——最好的药物、最上等的设备、最优秀的专家——但是我们却不太重视如何将它们很好地整合”。健康保健疗养研究所的唐纳德·贝里克注意到，现在的医疗实践就像用最好的汽车零部件去组装一辆汽车一样。葛文德引用唐纳德·贝里克的话说：“法拉利的引擎、保时捷的刹车、宝马的悬吊系统、沃尔沃的车身……当然，有了这些并不意味着就有了一辆完美无缺的车，我们得到的只是一堆昂贵的垃圾而已”。

教育也如此。教师期望吸收、整合几十个有价值而又分散的信息，但事与愿违，因为有太多太多善意的管理者、顾问和作家将这样的信息肆意抛来。尝试差异化教学！实施应对干预！在课堂上展示相关图片！形成有个性的教学方法！从文化角度做出应答！支架式学习！展开一场开诚布公的谈话！家长参与教学！整合技术！应用大脑研究！这些都是不错的授课方法，但是如果没有一种方案将它们有效地整合，那么它们就相当于一堆垃圾（也许不是特别昂贵）。

当然，更糟糕的是，如同驾驶着喷气式飞机的飞行员一样，教师也经常没有足够的时间去思考手头的工作。以下是教师克劳迪娅·米克的内心独白，让我们看看教师的日常压力有哪些：

让我想想。我需要为购买年鉴、情人节信笺筹款，还要在家庭作业上费心。我也需要家长许可，让我可以和加速阅读比赛获奖者在周五一起用午餐。

“谁签了订比萨的单子？”对他们来说，记住真正想要做的事情简直太容易了！哦，我还需要记住家长教师协会的“盒盖儿教育商标”。

“孩子们，从现在起先把你的情人节放在一边。聚会将在9点30分开始。”真希望在午饭后才开始聚会，但是之后还有颁奖会。“我们要先工作，后娱乐。”这不正是我祖母说的话吗？

也许，这周至少可以完成我们的单词拼写任务。“孩子们，去单词墙那里看看。这周我们需要学习的长音e。e为什么会发长音呢？”我得赶着在休息之前做完这个事情。今天我们真的有很多事情要做。

我要趁休息期间赶到布兰登的家，完成他的会议材料。可怜的小家伙，他真的很用心，很努力。他在读书小组里的表现很出色，但他永远也不会超越新年级水平。希望我能和他的家人取得电话联系。实在不行，我今晚写信给他们。

这在很大程度上反映出了许多教师的感受。他们每天都在竭力平衡良好的教学实践和课堂上管理二十几个或者更多学生的需求。由于处于零散和不切实际的信息轰炸之中，再加上教师们已经被班级的日常事务烦得焦头烂额，那么当我们看到教育工作者们在将研究转化为实践的时候费尽心力，还有什么可奇怪的呢？

为什么使用这份清单

这当然不是第一个，也不是唯一一个专为教师设计的清单。互联网上充斥着各种各样的清单，我们开始着手设计这类清单的时候就已经意识到了这一点。然而，大多数清单都着眼于十分具体的任务，譬如划分课程标准、课程计划安排、评估学生的领导才能或者是保证课堂秩序。因此，提供一个主清单或者元清单，对教育工作者来说更有价值，它能够整合、平衡信息，帮助你成为一名优秀的教师：能够做到严格要求、鼎力相助、目标明确。

通过研究找到重点

在众多的清单中，有些清单更倾向于研究型。当然，这种专业性研究有其独特性，但为了创建一个主清单，我们要确保它除教师的普通职责外，还要有一个更加坚实的研究基础，而后者已经有了下列成果：

- 2009年，中部大陆地区教育实验中心（McREL）团队在斯图奇基金会的支持下推出了一个历时一年的重点工作，旨在了解当下让学生们取得成功的必要因素，特别是那些生活贫困的有色人种儿童。我们将精力都集中在为教育工作者提供的材料上，这些材料都宣称可以提高学生成绩。我们仔细浏览了数以千计的研究论文、书籍和研究报告。最终，我们锁定并分析了1000多篇研究和报告，内容涉及学校系统的七个组成部分，以及学生未被满足的学习欲望，包括教学和课程大纲。这些报告为另外两本书奠定了基础，同时也成为本书基础部分的重要内容。
- 2010年，中部大陆地区教育实验中心的研究人员更新了我们在教学实践研究中的综合分析。这种新的同行评审以综合分析的方式调查了512份教学策略的研究报告，并将新研究得出的成果加入到该书的第二版中。
- 自2010年以来，布莱恩·古德温关注研究大纲，为美国课程发展监督协会的《教育领导力》（*Educational Leadership*）杂志定期撰写月度专栏。在撰写此书之前，已有二十多篇此类专栏出版。本书所用的大量研究案例都来自这些专栏。

当我们创建清单的时候，从本质上讲是寻求实用的方法，避免纸上谈兵。我们着手研究期刊，因为它们在学生成绩方面有重大影响。我们注意到约翰·海蒂所说的“枢纽”效应，这种影响力十分重要，能让教育工作者们看到学生成绩中的“实质变化”。我们也不会拘泥于诸如课堂配置或者与家长沟通之类的事情。尽管这些都很重要，但也没有大量的数据表明它们需要教育工作者时时为此费心的程度。此外，它们可被看成次要行为或者是其他有效教学的支撑。

与教学的深层原理密不可分

正如我们前面所提到的那样，信息泛滥让教育工作者们受到太多的信号干扰，以致晕头转向，很容易丢失重要信息。这本书的目的不是增加更多的干扰噪声，而是向高效教学的深层原理发出信号。换句话说，我们的目标在于帮助教师挖掘课堂教学行为背后的深层原因。

比如说，形成性评价在教学中相当重要。然而，我们并不是为了测试而测试，而是出于更深层次的理由，例如为了设定学习的期望值，检查理解程度，以及指导教学等。这就是为什么你不会在这个清单中找到一个“测试孩子”的项目。但是，你将在评估实践的清单中找到与之相关的项目，包括为学生设定高期待值、理解学生的学习需求，以及根据学习需要调整教学等。这些才是课堂评估的真正原因。

从另一种角度观察这些深层原理，我们可发现它们广泛适用于教学的所有年级、所有主题和文化。在写作这本书的时候，我们走遍了美国、澳大利亚、加拿大，以及东亚地区，积极地和当地的各类学校（小学、初中、高中）、各个地区（农村、郊区、城市），以及不同学生群体（包括本地学生和那些将英语作为第二外语的学生）的教育工作者交谈和共事。这些经验让我们进一步审视这些深层原理。我们想设计出一份适用于所有这些教育工作者的清单，这些年同他们的合作十分愉快。

核查清单，而非行动指南

一些人提到借助清单教学可能会想到乔治·奥威尔的小说《1984》中的影像：教师盲目遵从指令，根本不分对错。然而，清单并非既定公式和准则，不是告诉我们要做些什么。它们是在确保我们得到了所有所需信息，继而帮助我们在决策时更加系统化，不忽略任何重要的事情。

如果身为教师的你希望拿起这本书，按照书中所说，遵循一步步简单的公式，让自己不用在教学上多费心思，那么这本书很可能会令你万分失望。如果身为管理者的你希望获得一本“傻瓜式教学”去规范教师的每一个动作，那么请放下这本书，因为你不会在书中获得任何想要的内容。

事实上，从一开始，设计清单的初衷就是像波音航空公司的丹尼尔·布尔曼描述的那样，这是一张检查确认清单，而不是一张行动指导清单。使用它的前提是人们已经在按照原计划做着自身的工作，偶尔停下来，拿出清单检查下是否有遗漏的工作。相比之下，一张只读清单则“更像是一张配方，人们完全根据它开展工作，亦步亦趋”。

我们想做的并不是一步步的课堂指令，让教师们盲目遵循。我们相信教师们也会觉得这么做毫无意义。将老师在课堂上所做的一切都归于简单的、循序渐进的指导是完全不可能的。教师工作有时被误认为是一种在检查之后打钩的行为，甚至将其视为教学的全部。装饰公告板？打钩。点名？打钩。布置家庭作业？打钩。课程安排好了？打钩。成绩上交？打钩。“在这些人的眼中，优质的教学就是完成了那些‘属于教师的任务’——清点核对一系列的规定活动”。其实，单纯地完成任务并不是优质教学的精髓。

本书的着眼点并非那种指导清单。相反，它追求的是更宏伟的图景，一个适用面更广的检查确认清单，帮助教师用心思考教学内容，为他们（和他们的同事）提供了优质教学的检验标准，并让他们在一次次的检查中抓住重点，在课堂里做最重要的事。

简单明了

最后，我们从一开始就知道，要想让这个清单实用高效，它就必须简单明了。当葛文德和他的同事们第一次为医院急诊室设计清单的时候，就发现它太复杂了，实用性并不高。“清单太冗长了，不够一目了然，有时甚至让医生忽略了病人本身，本末倒置。

在开发教师清单时，我们想象读者与前面那位教师有相似的经历。在教师一边带动整个课堂，一边还需照顾到全班学生不断变化的需求时，求助于清单往往无济于事。我们从一开始就深知，一张有70个项目的清单反而耽误进程，适得其反，因为这样一来，清单可能分散教师的注意力。因此，一张可以被教师消化吸收、短小精悍的清单才是我们真正需要的。

这张清单并不会将所有内容事无巨细地罗列出来——标明每一件教师可能需要上心的事情（比如，教室里的灯都亮了吗？孩子们都在座位上吗？他们都带文具了吗？）相反，其旨在于帮助教师将精力集中在那些每天必须积极完成的重要事情上。确实有许多事情需要教师亲自参与其中，但是我们相信，最终呈现在这张清单上的概念是最重要的。

最后，值得注意的是，简单不能与浅薄、无趣相混淆。我们的目的不是简化教学实践或者是掩盖其复杂性。本书受最高法院法官奥利弗·温德尔·霍姆斯的言论启发，他说："我对复杂这一面的简单性毫不关心，但是我会将我的一生奉献给复杂另一面的简单。"我们希望这十二条检验标准真正能够做到：化繁为简。

如何使用本书

同我们的前辈一样，我们在写作这本书的时候一直心系教师，希望去创造一个能像我们期待的那样，为我们在课堂上所用的资源。它们有助于培养我们实践中的职业敏感度，规划好我们自己的职业发展。为此，我们认为本书会在以下几个重要方面给予教师帮助。

开发一个行动教学理论

在所有的实践中，专业人士和业余人士之间最明显的不同在于，专业人士已经拥有了成熟的思维框架，知道如何安排重点信息和方法。我们想起了作为X-Y组织理论之父的道格拉斯·麦克格雷戈的故事（值得一提的是，这个理论仍是在组织理论和设计领域中最有影响力的概念之一）。刚在哈佛教书时，他请一名资深教授听他的课。随后，教授告诉麦克格雷戈"不要把叮当作响的硬币和钥匙放在口袋里，不要把你的脚跷在桌子上，把该放的东西放进理论框架里去"。

按照这个有价值的建议，教师也需要一个容纳东西的理论框架——不只是他们所教授的内容，还有他们教学的方式。我们希望这张清单能够提供一个途径去开发（或者完善）你的思维框架、行为理论，以及你对（从实践和研究中得来的）优质教学的深层认识，还有你把这些观念付诸课堂实践的个性化方法。

当新观点向你进行连珠炮式猛攻之时，在教学中形成的行为理论可以帮助你过滤并吸收这些观点。你可能像下文那样产生共鸣，从而发出一声惊叹，而不是不知所措，也不会因不知如何吸收新鲜观点而感到困惑：

- “各州共同核心标准（Common Core State Standards）将帮助我向学生提出更多的挑战。”
- “这些与文化相关的指导性观点在与学生的互动中赋予我更加多元的选择。”
- “这些对于干预方式的回应将让我从普通的教学中走出来，成长为真正的教练。”

换句话说，你可以看到那些新观点是怎样夯实你所做的事情的，而不是让你遇到每一个新观点，都重新开始新的教学实践。与此同时，你最好能够过滤这些新观点，看看它们是否能对你现在所做的事情带来一些改进。这样一来，如果它们不起作用，你大可以信心满满地忽略它们。

专注于最重要的事情

如何让我们从十万火急却无关紧要的事情之中快速解脱出来？比如，参加情人节的派对、拿到学生家长的同意书以及做考勤登记，等等。想要摆脱这些浪费时间的事情，首先要弄清楚最重要的事情有哪些，然后从我们的日常活动中挑出那些需要优先考虑的事情，分清主次。在本书中，我们还将讨论，教师以及全校师生如何评估在课堂上以及学生在校期间花了多少精力到那些最重要的事情上。当然，你很可能在查看这个清单时感叹说："我不可能在一天之内做完上面的所有事情；因为我没有足够的时间。"如果你真的这样想，那不妨问自己一个问题：这12个项目中的哪个我能跳过？你会发现这是一个艰难的决定，而且也许会引发另外一个问题：如果我不能完成所有我应该做的重要事情，那么我应该搁浅哪些事情？当然，我理解很多要求都来自于课堂之外，这就意味着，你可能需要与管理者、同事在内的其他人就"搁浅"清单上的项目商议。这就涉及了使用本书的第三种方法。

支持同事之间的专业主义

葛文德写道："只是在诸多选项上打钩并非清单的最终目的"；相反，"这其中还需要团队合作和学科的文化"。我们希望学校教师团队将这张清单用作培养专业对话方面，在同事之间进行专业化的讨论，探索每堂课怎样上才算得上是优质教学。通过这样的方法，让教师之间能够实时沟通，了解优质教学，彼此之间还能分享最佳的教学方法。实际上，在你的学校中，可能没有教师能为清单上所有12个项目起到模范带头作用。然而，在你的学校中，某些教师可能在不同的项目上起到模范带头作用：某些人可能会极其善于与学生们沟通；另外也有些教师可能很擅长使用形成性评价并知道如何采用适当的教学方法来检查学生的理解程度；还有一些教师可能为每个主要任务开发出缜密的规则，由此向学生提出挑战，让他们知晓教师对他们的期望。因此，你们彼此之间应当互相学习，取长补短，完全没有必要让自己重新摸索他人已经走好的道路。

你可能也想有始有终地去完成其中的一些项目，你将需要在这张清单中再设计一些子清单。比如，你和你的同事会认为应当使用一张普通清单，将标准化转变为课程计划。你可能会设计一个全校课程计划模板，和清单起着同样的作用。同样，你可能开发一个打分方法，或者在分配家庭作业之前创建一个检查清单。我们相信，这些额外的清单如果来自于教育工作者的集思广益，那么它们将化腐朽为神奇，远比从管理者或者从其他地方的作者那里拿到的清单要实用得多。

最后，知道优质教学中最重要的元素可以帮助学校教师团队明确目标，更加清楚地知道要采取哪些新的教学方法。这个清单可以帮助你和你的同事思考如下问题：XYZ会支持优质教学吗？如果是这样，是哪部分或哪些部分在对优质教学起着促进作用？它会不会变成一个障碍，阻止我们去做那些需要做的事情？

本书是如何构成的

书中的12个检验标准可谓高效教学的试金石。高效能的教师需要能够：

- 向学生发起挑战。优秀的教师会为所有学生设立高期待值，通过教学指导向他们提出挑战，以此培养他们批判思考的能力。
- 创建积极的课堂氛围。优秀的教师会和学生和谐融洽相处，创造引人入胜的课堂，提高学生学习积极性。
- 对教学有所设计。优秀的教师对要教授的内容胸有成竹，收放自如地运用不同的教学指导方式，帮助学生实现他们的学习目标。

对于这张清单，我们清晰地梳理出如下教学要求：

- 严格要求：将教学与学习期望相结合。
- 鼎力相助：提供一个有助身心发展的学习环境。
- 目标明确：明确你所做事情的缘由。

因此，本书分为三个部分，每一部分都对应一个要求（见图1）。每一个清单项目都附上了研究概况，以帮助读者了解项目的重要性及其重要的原因，之后是建议、资源、案例以及小故事，帮助教师理解这12个检验标准在教室里应用起来是怎样的。

图1 | 日常需要完成的12件事情

规则	标准
严格要求	☑ 标准一：我用标准指导学生每次的学习 ☑ 标准二：我确保学生每节课都有个人学习目标 ☑ 标准三：我能让学生直接了解我的期待 ☑ 标准四：比起高要求我更注重学生的理解
鼎力相助	☑ 标准五：每堂课我都能抓住学生的兴趣 ☑ 标准六：我注意与每个学生互动 ☑ 标准七：我用反馈激发学生努力 ☑ 标准八：学生在我的课堂上安全且受到尊重
目的明确	☑ 标准九：我充分利用了每一分钟 ☑ 标准十：我帮助学生深刻掌握知识 ☑ 标准十一：我培训学生成为大师 ☑ 标准十二：学而时习之，不亦说乎

准备好付诸实践了吗

我们认为，对于大多数读者来说，这张清单上的12个观点不会完全颠覆他们原有的教学构思。很少有人在看过后会说："哎呀，我从未这样想过。"然而，如果你将这些项目融入到检查确认层面中，我们相信读者会反观自身："你说对了，我确实需要记得在我的课堂中是什么一直起着至关重要的作用。"

简而言之，这12项检验标准看起来稍显平庸，没什么稀奇之处。的确，你可能说，这和其他的相比也没有任何独到之处。毕竟，大约从苏格拉底时期，就有类似的检查了。

然而，我们可通过质疑来反驳：你们学校的每位教师每天都能将这12件事情做好吗？对你来说，它们新在哪儿？这里暗藏着本书的重要观点：一段时间以来，政策制定者在苦苦寻找“修复”教育的新方法、程序或者革新。我们迫切地想要知道，也许真正的解决方案并不在于开发新的方法，而是要将精力一直放到我们必须做的事情上去，做到积极对待每天的工作，在每个课堂尽心尽职，与每个学生和谐互动。

航空业似乎在如何处理日常工作方面学到了一两点。如果航空旅行的成功飞行率低至99%，会出现什么情况？这意味着，单单在美国，每天会有870架飞机从天上坠落。如果这是真的，就没有人再敢坐飞机了。

如果“修复”教育的灵丹妙药并非一项新程序或者一套新政策，而是一个简单到令人难以置信的方法，可以让我们在乘飞机或者看医生的每时每刻都受到保护，仅此而已，又如何呢？如果我们所需要做的仅仅是找到一个更好的方法，去识别和共享那些必须做的事情，然后完成它，那又如何？如果真是如此简单呢？

葛文德认为，“当我们仔细观察时，就会发现即使是那些能力超群、胸有成竹的人们也会将同样的球抛来抛去”。“我们了解这个模式。我们深知其中的代价。是时候去试试其他方法了。试试清单吧。”

你觉得怎么样？值得一试吗？

THE 12 TOUCHSTONES OF GOOD TEACHING

第 1 部分

严格要求

BE DEMANDING

明确提出并持续保有对学习的较高期望

1965年的那个实验至今享誉天下。当时，研究人员罗伯特·罗森塔尔和勒诺·雅各布森告诉一些教师，在他们教室里，有一些学生已经被选中参与哈佛大学的测试，因为他们有智力快速发展的潜力。其实，这个测试根本就不存在，而教师们也被蒙在鼓里；就这样，学生们被随机贴上了具有特殊学习才能的标签。一年后，还是这些学生，他们表现出比同龄人较高的智商。从这个研究中，我们可以看出，教师对学生的期待越高，学生的表现就越好。其结果业已被其他研究所证实，诸如玛瓦·柯林斯、雷夫·艾斯奎斯、詹姆·爱克兰特等名师也一一印证。这就是鼎鼎有名的皮格马利翁效应。

然而，皮格马利翁效应并非小飞象神奇的羽毛。单纯地提高学生的表现是行不通的。首先，教师必须清楚自己对学生的学习期望。正如我们将在这部分后面看到的，的确有这样的学科。做得好的话，教师可因此调动学生的积极性、提高成绩；如果差强人意，他们就会在不经意间两败俱伤。

同样，教师必须把过高的期望转化成单元和课程的具体计划，给学生提供机会去学习挑战性的内容。如果教师无法帮助学生理解怎样做才算是“表现优秀”的话，那么学生将很难想象出成功的样子，也无法达到为他们设定的高标准。如果学生学习方法并不能达到教师的高期望，那么他们自然就会认为自己缺乏取得好成绩的能力。

在下面的章节中，我们将着重强调四个检验标准。一旦将它们融会贯通地运用，将帮助教师们明确提出并持续保有对学习的较高期望。因此，教师要时刻相信，所有学生都能达到很高的期望水平。

第一章

我用标准指导学生每次的学习

布莱恩·古德温：这是我教高中的第一年。在我所教的十年级美国文学课上，来自不同种族国家的学生一起阅读和讨论《哈克贝利·费恩历险记》。我提出一个课堂讨论内容，不管是在偏见的主体性、帮派斗争，还是社会认同性上我都自认为它是最全面的。我自以为那些聪明机灵、口齿伶俐的学生会踊跃地参加讨论，然而，不知何故，学生的积极性一点儿也不高。他们的目光正在四处游离。他们看起来就是在敷衍了事。最后我想，也许是题材过于敏感了，于是问了问原因。

“嗯，你知道吗，我们在八年级时已经读过这本书了。”一个学生说道。

“你读过？”我顿时惊呆了，十分尴尬。我之前并不知情，只能用一个不太能站得住脚的理由给自己圆场：我们需要再次深入探讨一下这个小说。我尽力让自己看起来不那么无奈。那时我正在一个小型中学教书，按理说，在那里让每个人都达到同一学习进度是相当容易的一件事。但是为什么《哈克贝利·费恩历险记》明明在八年级的时候已经教过了，而在我的课程指导中还有它，并且教室后面还有许多这本小说的青少年版读本？还有，既然学生已经学过了，那为何该掌握的地方还是没有掌握？

然而，我的烦恼很快变成了焦虑。我没有教给学生的这些东西，之后他们的老师也许会在某天产生疑惑：我的学生在学习十年级美国文学的整整一年里，为什么没有学到这个内容？

用标准来提高学生的自我期待

这也难怪，学校的标准和高年级学生的成绩密切相关，其中一个被称为“学习机会”因素，在某种程度上，关系到：(1) 清晰明了的课程设置；(2) 课程质量的监测；(3) 课程和学生成绩评估的一致性。在这些变量中，最后一点和学生能否获得成功有着最密切的关联。

事实上，这个研究得出的结果还没有达到让人瞠目结舌的程度，如果学生们学到的即是考试中所遇到的，那么他们自然会在考试中取得优异的成绩。因此，对于大部分差强人意的学校来说，最关键的是要有序安排教学课程，明确学生在每个年级应该学习的内容，以及保证他们在每节课中学有所获。如果你发现你的学校没有良好的管理或是缺乏完备的课程指导，那么你的首要任务就是与同事以及管理者们合作，一起去落实这些工作。如果课程指导切实可行，落实它就要归功于你的学生和同事们。

这并不意味着老师们要为考试而教学，如果这样的话，统一模式的标准化评估会限制学生获取知识的道路。相反，在高效的学校里，教师会使用标准和课程指导作为参考，来检查他们是否教授了学生每个阶段最重要的内容。当老师采用这种方式时，学生们的成绩会自然而然地提高，根本不需要教师拿着卷子照本宣科。

除了让你和同事们展开合作之外，标准的另外一种功能就是：当我们要求学生提高对自身的期望的时候，他们通常会提升自我，达到要求。事实上，正如伟大的教师詹姆·爱克兰特所说的那样，有时候，学生们需要的只是有个人去相信他们、挑战他们、激发他们的潜力。

爱克兰特的故事曾被《华盛顿邮报》记者杰伊·马修斯报道，并在1988年拍摄成了电影，之后他的故事便人尽皆知。他曾在加菲尔德的中学工作。学校地处东洛杉矶地区，那里动荡不安、极度贫困，到处都是滋事的小混混。就是在这样的情况下，爱克兰特帮助他的学生选修了微积分课程，并以高分通过了考试。马修斯在观察了爱克兰特数个月之后发现，身为教师的爱克兰特拥有非凡的品质，他对学生有着持之以恒的期待。正是这份“爱之深、责之切”改变了学生们的命运，让他们成为真正的大学精英。电影播出一年后，州长们就在弗吉尼亚州夏洛茨维尔会议上发起了现代标准化运动，这绝非巧合。

下面是一些实用建议，告诉你如何借助标准来确保你所教授的既符合对学生的预期，又能激励他们提高自我期待值。

解析标准，明确必学内容

通常情况下，一个单一标准中包括多个概念、思想和技能。这些都是学生必须掌握的，这样才能达标。作为一名教师，首当其冲的就是分解教学标准，并明确学生需要掌握哪些陈述性知识（如概念、词汇、事实、细节）和程序性知识（如技能、过程、能力）才能完全符合标准。例如以下这篇七年级版共同核心标准（Common Core State Standards）：

CCSS. ELA-Literacy. SL. 7. 2：分析各种媒介形式中（如视觉、定量、口头表达）的主要思路以及其中的细节，并解释出这个观点是如何阐释清楚一个主题、文本或者研究问题的。

即便该标准简单、直观，也要求学生展现出多种技能，包括：

- 学生必须能够总结文章，找出中心思想。（程序性知识）
- 学生可能需要根据上下文来判断新单词的意思。（程序性知识）
- 想要理解发言者的论证，学生应该了解论证是如何构成的，包括主要观点以及其中的细节。（陈述性知识）
- 为了整合多种形式的信息，学生可能需要借助思维导图来突出关键信息之间的联系。（程序性知识）
- 为了分析诸多细节在多大程度上支持主要观点，学生们可能需要掌握一些使细节有关联性和逻辑性的基本知识。（陈述性知识）

有了这些知识和技能，你可以相应地确定学生应该学习的关键词汇（例如，事实，观点，逻辑，情感诉求），帮助他们成功地达标。只有通过设定标准，才能明确学生们需要学习的内容有哪些。

找到标准的大方向

虽然将标准拆分很重要，能确保你不会落下重要细节或是程序性步骤，但这样做也存在些许矛盾，很容易陷入到只见树木不见森林的假象之中。也就是说，过度细化或分解教学方法会减少课堂的参与性和挑战性。因此，你在拆分标准的同时，还应把握住大体思路，或者标准中的重点问题。用这些重点问题架构一堂课能帮助学生“发现内容的相关性，还能激励学生主动寻找答案”。

回到前面的示例，我们根据标准架构出了一堂课，要求学生借助一系列的重点问题分析出不同媒介中的主要观点和具体细节。诸如，“作者是怎样发展中心思想的”或者“伟大的演说家是如何征服观众，说服整个国家的”。重要的是，这些问题应该是开放式的，不易回答的，也就是说，要具有挑战性。

这些重点问题可以引发学生们深层次的思考，甚至是激烈的争论。为了回答这些重要问题，学生就必须努力学习新信息，分析新信息，反复评估其优劣势所在，或者根据已有内容做出决定。

例如，一个教师讲授一个关于法国大革命的章节，就可以布置出以下基本问题。问题的重点并不是要记住事件的日期或者名字，而是需要学生深入理解法国大革命的导火索，以及它们在当今社会的相关性。

1. 大众的观点是如何给社会造成正面和负面的改变的？在当今世界上是否有类似的例子存在？

2. 如果你能穿越到1789年8月上旬或7月下旬，在不泄露天机的情况下，你会给波旁家族怎样的建议呢？你又会用哪些证据来支持你的观点呢？

3. 自然灾害经常扮演着催化剂的角色，加速社会中的政治和社会变化。此类现象你还能举出其他的例子吗？你认为发生这种情况的原因有哪些？

用标准指导教学计划

当然，标准的作用就是指导课程和单元的安排。我们建议使用下面五步，将标准或者课程指南转化为课程计划：

1. 明确本课的重点　明确学生学习的具体内容。再将这些信息转换成学生的学习目标（比如，“我已掌握并能灵活运用勾股定理”），并且以此为中心编写重要问题（比如，“我如何确定一个三角形的斜边长度？”）。

2. 确定评估学习的方法　我们要在一开始的时候就以终为始。你如何知道学生已经完成了他们的学习目标？在他们学习的过程中，你会收集到哪些相关信息？你会提供怎样的反馈，以及给他们怎样的鼓励？

3. 确定调动学生积极性的方法 您将如何在主题上激发学生的好奇心？你将如何运用写日记、先行组织者或发问法等方式与他们的兴趣挂钩并帮助他们将学习和自身的兴趣相结合？

4. 确定引导学生学习和掌握内容的方法 你将如何给学生引入新的知识？对于你期望他们掌握的内容，他们有什么样的机会去学习，去实践新的技能，或者深入拓展所学的知识？

5. 找出总结上课内容的方法 你将如何帮助学生总结并且展示所学内容？在课程尾声时，以何种方式检查学生的理解程度？

我们还将在第三章中进一步探索课程安排和单元计划内容，之所以在这里提到这些步骤，是为了说明这些标准是每节课都要围绕的重点，帮助你集中精力理清哪些是学生需要掌握的知识。为此，需要铭记在心的是，两点之间直线最短，也就是说，课程的设置并非需要花样频出或者冗长复杂才能达到效果，教师只需要为学生提供足够的机会，让他们去学习必备的知识和技能。

“挡风玻璃”+“后视镜”

新出台的共同核心州立标准为数学和英语语言艺术科目所做出了附加的规定。他们已经明确地被设定为阶梯式教育，高年级的技能和知识都是对低年级所学内容的深入和拓展。比如，六年级的阅读标准规定，学生应能“找出文中论据来支持分析中心思想，并能从文本中得出相应推论”；七年级的学生要能够“找出多个文本依据”；到了八年级，学生应该能够“找出支撑中心思想的，最有力的文本依据”。

这就意味着，如果学生错过了课堂内容的关键环节，他们很可能在之后的学习中略显吃力。因此，在你设计自己的课程时，应该赋予标准两种角色，一是“后视镜”，即回看学生在上课之前已经掌握了哪些知识和技能；二是“挡风玻璃”，也就是预测出高年级的教师会期待你已经教会了学生哪些知识与技能。

这里有两点需要特别强调。第一，不要想当然地认为进入你课堂的每个学生都已完全掌握了之前所学的知识和技能，能够迎合严苛和颇具挑战性的标准。然而，有了标准的帮助，你就能够理清学生之前应当已经学到了哪些知识，并快速填补上之前的缺陷与不足。

第二点相对来说更加乐观，了解学生的进度非常重要。因此，你可以给这些学生提供相关扩展资料或者加快学习过程。事实上，加速学习是教育工作者强有力的做法之一，基于标准学习的一个主要目的就是要挑战所有学生。这并不是说必须统一标准，或是放慢优等生的学习进度。与大多数的误解相反，标准确实可以成为个性化教学的有力工具，让学生在课堂上有一定程度的学习自主性。

标准框架和主动性并存

标准化的学习并不需要将学习当作军队阅兵式——所有学生以完全相同的步伐整齐划一地履行自己的职责，目光齐刷刷地盯着班级前面的最高统帅。杰出教师会将普通的课程标准依据每个学生的兴趣进行个性化的安排，激发学习者的内在能动性。这样一来，标准则自始至终是学习的重要路标，如果没有它们，自主性学习就会错过目标，一直在做无用功，到头来却不能保证学有所成。研究人员认为，教师要记得，既要提供学习的框架方向，又要给学生自由的发挥空间。教师必须向学生传达明确的学习预期，表明具体方向与教学指导，与此同时，还要强调有意义的学习目标，给予学生自主性学习的机会，从而激发学生的兴趣和内在动机。最重要的是，教师应该借助标准来组织学生的学习内容和课程内容，同时发挥自己的创造力，让课程和单元安排变得充满活力、趣味横生，激励人心。

标准是创造力的平台

很多时候，教学标准以及根据课程指导所做出的学习计划，看起来就像是将课程转化为动力吸血鬼，白白消耗生命力和创造性，让学生、教师都失去了在学习过程中应得的乐趣。有一项研究，旨在通过青少年的视角来观察学校。该研究精确地描绘出了高中生活阴郁的景象。在课间，研究人员要求学生记录他们所做的事情，以及他们的参与程度。结果显示，在课堂上，学生们积极性不高，即使在他们所擅长的科目中也是如此。个中原因往往是教学目的不明确，或者教学内容不实用。因此，研究人员得出结论："在最现代化的学校中，标准化课程产生了一个消极的副产品，即教师的作用被大大忽略，变得和信息技术员没什么两样。"简而言之，据学生反映，很多教师似乎在教学上总是敷衍了事，根本不去强调课程内容的重要性及目的性，更不会花心思去提高课程参与性和趣味性了。

一份对中学的相关研究也得出了类似的结论。在青少年到了开始以更抽象的方式思考问题的时候（比如，质问为什么要把时间浪费在学习上），传统中学常要求学生"参加大量的讲座，完成繁重的作业"，让学生觉得乏味不堪，没有自由空间。

显而易见的是，有些教师可能认为（或者受他人影响后认为）标准化教学就是放之四海而皆准的万能教学方法。然而，事实并非如此。标准不是一定非得是千篇一律或平淡无味的。这与亨利·福特在20世纪初规范汽车生产时说的一句话有异曲同工之妙："每一位客户都可以拥有一辆彩色的车，只要底色是黑的。"

如果你认为标准化和个性化教学是不可能共存的，那么请你低头看看自己的鞋子。毫无疑问，他们是标准尺码。你可能有几双鞋子，虽然它们的设计各不相同，但都是相同的尺码。因此，鞋子尺码的标准化并没有影响设计师的创造力，也没有影响你的个人风格。

事实上，另一个更现代的比喻可能就在你的手上：安卓智能手机。它提供开放、标准的平台，可以让越来越多的制造商、程序员和运营商发挥自己的聪明才智和创造力来满足消费者们个性化的需求。从这方面来看，标准的21世纪概念安卓手机就是你期望从亨利·福特的T型车得到的。这一比喻也告诉教师如何在21世纪的课堂上进行标准化教学。当所有人都对学习哪些重要内容有着相同的理解时（比如标准化），教师大可不必将自己的时间和精力浪费在教材的选择上，而是应该多想想教授的方法，让课堂变得更具有参与性、启发性，并在必要的时候，加快学生的学习进度。

虽然我们会在第三章中详细阐述教学计划的相关内容，但在这里提供的这些资源和实践中的例子是为了再次强调：给学生设定的这些高标准并不一定是枯燥乏味的。

最后的思考：找到平衡

在本书中，有一个共同的主题统领全篇。研究几次三番地指出，教师需要在看似并列的几个概念之间找到平衡（比如，方向性与非定向性，外在与内在动机，对学生的挑战与支持）。特别是在用标准作为指导时，教师必须找到这种平衡：教师应该用标准来要求学生，指导他们的学习，把握好新旧知识的连贯性，同时也应该尽力让标准的内容更加吸引人，更加个性化，将自主性融入其中，让学生勇于挑战。

虽然如此，标准应该起到平衡的作用，个性化学习不能放任自由，全由学生主导，教师只在一旁起到被动辅助作用。事实上，研究人员注意到，当教授初学者新知识时，直接指令（例如展示解决代数问题的步骤）往往比探索方法效果更好（例如鼓励学生通过反复试验来发现解决问题的方法）。事实证明，过多的非指导性指令是无效的，甚至会出现知识性漏洞或者误解性错误。因此，探索式教学最好在教学的尾声时使用，帮助学生扩展和应用知识，如同推导“我做/我们做/你做”表达方式。这并不是说自主性学习是错误的方式，而是教师在使用它时，要明确地告诉学生标准化的学习要求，并进行直接的指导，确保他们学有所获。

本章最后一个关键信息就是：每个教师在给学生提供学习机会这个问题上都是一样的，都是要保证学生学习的连贯性，新旧知识之间不断档，并且没有不必要的重复性知识。然而，和你的同事处境相似并没有什么不好。你可以把你们想成爵士乐演出，其中的每个人都知道如何拿捏曲调，只是风格、才华和创意不同而已。

实践范例：项目化教学

下面这个例子是关于教师如何根据标准制定出一个能够激发学生兴趣的教学项目。

中学教师伊瓦拉女士始终按照中部大陆地区教育实验中心的纲要来教授世界史课程，严格遵守该门课的标准：

标准8，基准2：了解希腊社会的重要文化元素。

她给学生一张关于希腊社会主要成就的清单，并要求他们在课堂上进行多媒体展示，展现希腊人的早期成就是如何影响他们的日常生活的。

马丽亚纳是伊瓦拉女士的学生，她发现城市里一些建筑的风格很有古希腊建筑特色，她对此十分感兴趣。于是，她开始收集市政厅、图书馆、老校舍，以及市中心的历史大厦的照片。她逐渐意识到，这些建筑不仅在设计上使用圆柱体，还借鉴了古希腊的风格，如圆形大厅，齿状装饰画框和头饰。更令人惊讶的是，马丽亚纳在她的研究中发现，一些用于建造古希腊建筑的数学公式与之前她在数学课上所学到的黄金矩形有着比较密切的联系。正是因为马丽亚纳能够有机会选择自己感兴趣的研究课题，她才会在学习和分享中有明确的目标和源源不断的动力。

第二章

我确保学生每节课都有个人学习目标

迈克尔·乔丹在大学二年级的时候就被学校的篮球队除名了，这对他是个不小的打击。他在自传中曾说过，他没有被打败。他深知自己再也不想有这样的感觉，于是他给自己设定了一个简单的目标：加入团队，明年卷土重来。

为了实现这个目标，他把整个夏天都用来练习运球和跳投。这个目标实现后，他又设定另一个可以达成的目标：获得大学奖学金。"我一步步向前走，稳扎稳打……总是为自己设定短期目标。回头看看，就会发现其实它们之间是循序渐进的关系……当我达到这些目标时，它们就像梯子一样层层搭起。每向前迈进一步，都会让我更加自信。"当然，我们都知道这个故事的结局：那就是乔丹无可厚非地成为有史以来最伟大的篮球运动员。

主宰命运、学会乐观

研究表明，当我们达到目标，我们获得的不仅是信心，还有满足感。当我们找到正确的答案，做出准确的预测，或者获得成功时，我们的大脑会分泌大量的多巴胺。这个所谓的奖励分子，被长跑运动员兼作家克里斯托弗·伯格兰称为当你完成一个目标时有的"'叮、叮、叮'感觉"。简单地说，成功会让你上瘾。我们会不断寻求新的机遇，克服重重挑战，激发“多巴胺大奖”。

然而，在繁重而又艰巨的任务面前，学生们往往建立不起来信任，也尝不到成功的喜悦。比如，在学习长除法，理解有丝分裂和减数分裂，甚至分析《贝奥武夫》(Beowulf) 时，通常情况下，这些挑战会让学生不知道从何处下手，也不知该何去何从。

在《改变，好容易》(*Switch：How to Change Things When Change Is Hard*) 一书中，作者描述了“缩小改变幅度”的必要性，即鼓励人们在采取行动时，可以将重大的挑战化繁为简，切割成更易于执行的小部分。正如那句古老的谚语一样，不要指望一口就能吃成胖子。同样，在巨大挑战面前，精明的领导会把它划分成一个个小部分，将精力集中在这些更易执行的小项目上，效果则立竿见影，而从中得到的成就感也会不断激励员工们去接受更大的挑战。

同样的原则也适用于教师和学生。研究人员发现，最优秀的学生往往拥有双重目标。一个是为得到外部奖励而设立的长远目标，另一个是以完成手边工作为目的的短期目标。

以20世纪60年代后期著名的科尔曼报告为首的数十年研究还表明，想要获得成功，学生需要主动去“主宰命运”，而外界学校的变化条件反而是次要因素。科尔曼发现，少数学生会逐渐变得“缺乏自信”，而大多数学生则会主动去“影响外界环境，改变未来”。然而，当这些少数学生开始主宰自己的命运时，坚定的信念会让他们的成绩高于其他学生。

心理学家马丁·塞利格曼一直致力于研究人们成功的原因。他发现，个人的成功与他是如何看待自己的成败有着密切的关系，是把它们看作努力和胜任的结果，还是看作纯粹的机会和运气。塞利格曼将这种态度的不同归结为习得性乐观与习得性无助。为了便于理解，我们假设有两个篮球运动员都在赛点上失手了。其中，习得性乐观运动员会想："这个错误我不应该犯。"接着会去努力找出错误的原因，尽量在下次改正，然后卷土重来。另外一个习得性无助运动员则可能认为，"我不擅长这个比赛"，甚至觉得自己以前的高命中率都是靠运气。

塞利格曼指出，这种态度是通过后天经验养成的。因为它们属于习得性行为。此外，它们也可以是非习得性的，通过经验来体验成功，即使是小范围内也可以。塞利格曼认为，这种小规模的成功逐渐累积后，会让人们知道，成功并不是偶然，而是个人努力的结果。

帮助学生树立目标

所有这些研究运用到课堂中就变成了：为学生提供具有挑战性又切实可行的短期目标是所有方法中最有效的。一项长达二十五年的研究表明，那些具体的、有延伸性的目标更有助于学生取得优异的成绩。相比之下，那些模糊不清，任其自由发展的目标则收效甚微，更别提没有目标了。个中原因很简单：具有挑战性的目标需要学生投入更多的精力才能获得满足感。有些人会发出质疑声，他们认为，挑战性目标如果设定得过高，一旦失败，则会伤到学生的自尊心。其实不然，这些具有挑战性的学习目标恰恰能够提高自信心。也许这是因为他们会在一次次的"小"成功当中，对自己的能力越发的有信心。

研究表明，学生需要把握学习的整体框架，了解每堂课、每个单元、每门课程，以及整个学术领域的大体内容；与此同时，他们还需关注各个

图2 | 目标设定模板

将一个目标分成若干个小部分，以符号和文本的形式呈现你的想法。

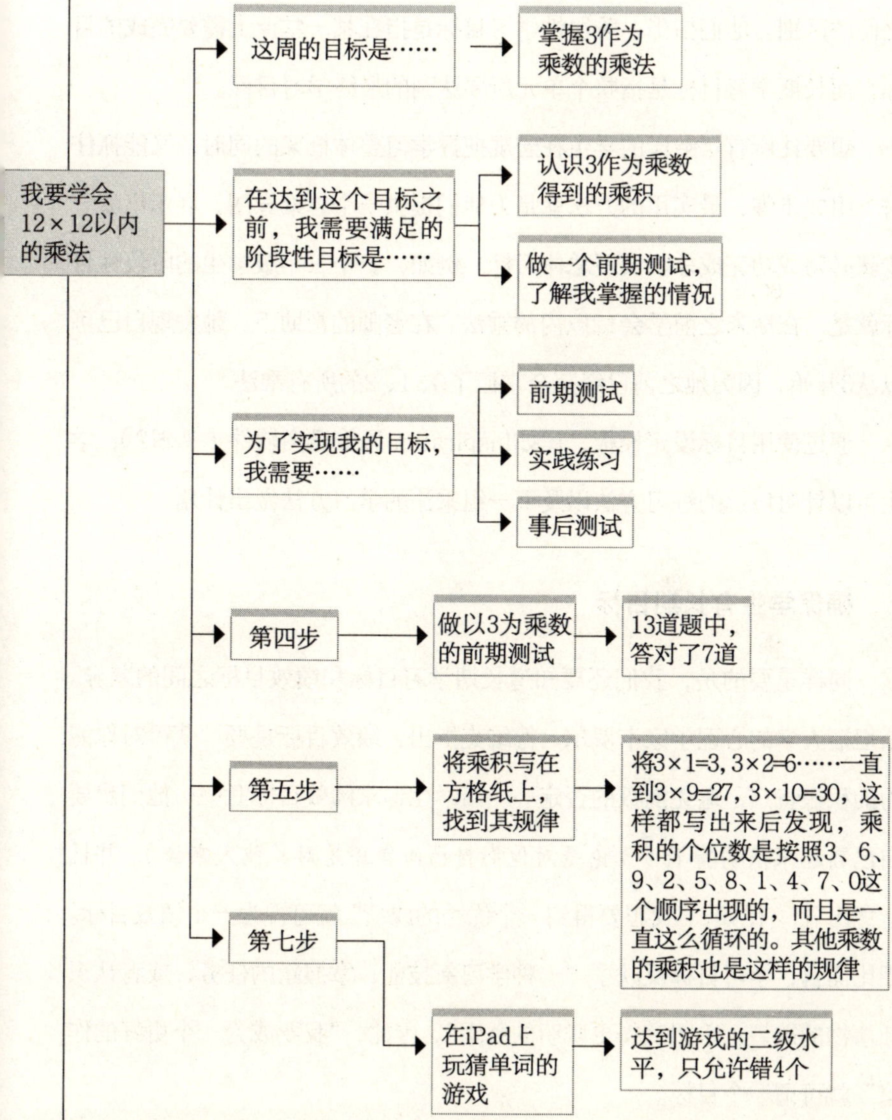

组成部分，也就是那些小规模但具有挑战性的学习目标。因此，他们成功攻克小目标的同时，也在向大目标不断迈进。莫斯和布鲁克哈特提出了长期学习目标（learning goals）与阶段性学习目标（learning objectives）之间的区别。他们指出，阶段性学习目标是指在某一堂课上需要完成的目标，而长期学习目标是指整个单元所要达到的最终学习目标。

想要让所有年龄段的学生在宏观把握学习整体框架的同时，又能抓住每个组成步骤，最实用的方法就是为他们提供一个思维导图，展示出哪一步骤必须成功完成才能实现总体目标。例如，一个三年级学生的阶段性目标就是，在期末之前学会12以内的乘法。在老师的帮助下，她发现自己可以从3开始，因为她之前已经完全掌握了0、1、2的所有乘法。

通过使用目标设定模板，比如Inspiration思维导图软件（见图2），学生可以针对自己的练习方法以及下一组乘法的学习方法做出计划。

确保学生有长期目标

同样重要的是，我们还要知道长期学习目标和绩效目标之间的差异。斯坦福大学的心理学家卡罗尔·德维克指出，绩效目标是要“获得对你能力的积极肯定，避免消极的否定……当学生追求绩效目标时……他们想要自己看起来精明能干（无论是对他们自己而言还是对其他人来说），并且避免出丑”。比如，“我想要得到一个优秀的成绩”就可视为一个绩效目标。相比而言，学习目标反映了“一种学习新技能，掌握新的任务，或者认识新事物的欲望，希望变得更聪明的欲望”。因此，“我要成为一个更好的作家”就可谓一个目标。

当然，一切值得学习的东西都需要经过一个力不从心的阶段。每当我们回想起第一次学习比较复杂的知识或者技能时，我们就会想到这个阶段，比如打网球、学习几何定理或者弹奏乐器。制定长期学习目标可以帮助学生迎接特定时期的挑战，经得住挫折，最终努力达成目标。正如德维克写道："最好的学习任务往往是具有挑战性的。它们会让你发现自己的无知，让你在困惑和谬误之中冒险。而让你看起来精明能干的任务锻炼的往往是已经掌握的技能，从中根本学不到更多的东西。"

在1988年，德维克和他的同事经研究发现，为自己设定绩效目标的学生往往会感到无助，总是抱怨自己的能力不足，在挑战面前轻言放弃。相反，设定长期学习目标的学生则会努力打磨自己的技艺。他们并不担心出丑，在挫折抑或失败面前，他们泰然自若，一直朝着目标勇往直前。

有趣的是，研究还发现，如果学生从一开始就被告知他们具有较高的能力水平，他们在遇到艰难的挑战时总会选择退缩。相反，如果教师告诉学生他们自身的真实水平，那他们就会坦然地面对艰巨的任务，尽最大努力去征服它们。尽管教师总是想安慰学生，把艰难的任务说成小菜一碟，但事实证明这样做并不对。相反，应该直接告诉学生，这个任务很困难，并且提醒他们还有很多东西需要学习。这实际上恰恰是他们学习的原因！

当给学生设定了短期和长期目标时，也要让他们知道，只有征服了小的目标，才会更加接近长期的学习目标，这对单元和课程的学习来说非常重要。虽然长期目标乍一看会让人望而却步，但只要学生将大目标划分成小目标，稳扎稳打，总会在学习上获得成功。例如，一个幼儿园老师可能要求学生选择一本超出他们现有阅读水平的书，让他们在本学年结束的时候读完它。这在最初看起来似乎是无法完成的任务，但教师告诉学生，他们要先学习字母的发音、掌握常见字词，以及书面语言的“小窍门”，之后，他们就能顺利地进行阅读了。

图3展示了幼儿园学生西莉亚选择的五本书，用来练习掌握短元音的发音。此类的思维导图可以很容易地以头脑风暴的形式来创建。

图3 | 学习短元音发音的步骤

为了展示对短元音发音的掌握程度，西莉亚在老师的帮助下选择了以下五本书。为了接下来学习长元音，她需要把每本书流利地念给大家听。

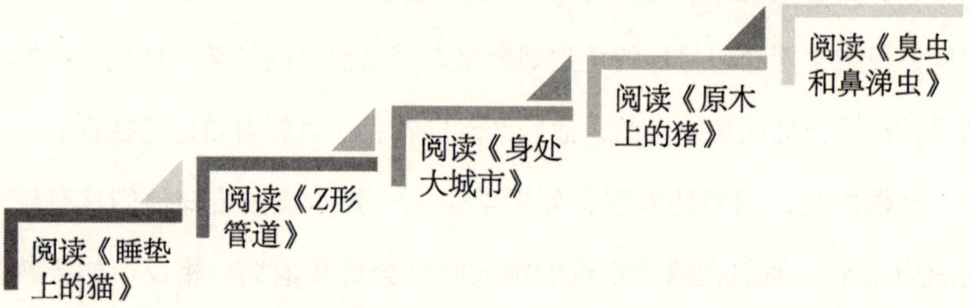

将标准转化为具体目标

在设定学习目标时，我们经常与老师谈论将目标具体化的必要性。将标准（比如，在写作过程中使用的一般的技巧和策略）作为学习目标，其内容过于宽泛。同样，将标杆性的描述（比如，写出信息/说明类的文字去研究一个话题，并能清楚地表达思想和信息）作为一次学习的目标仍然过于宽泛。它们充其量可算为整个单元中心目标的基础。

鉴于这一点，教师就需要将标准和参考标竿划分为更具体的步骤，让学生在一堂课或者在一系列课程中就能完成它们，而所有的步骤都在推动学生朝着更大的目标前进。例如，教师可能决定，要达到前一段所举例的写作程度，学生需要熟练写出有逻辑的段落，包括完整的概论句，支持性细节以及总结句。要达成这一学习目标，教师可能向学生提出这样的要求：

1. 理解并能写清楚概论句，实现段落之间的自然过渡。

2. 理解并能够提供支持性细节，“指出，但不是描述出”作者的观点。

3. 在老师的适当帮助下，能写出总结句，概括出段落的中心思想。

重要的是，阶段性学习目标不应该有过多的局限性，因为这样会限制学生的创造力和想象力。毕竟，学生经常让我们对他们的见解感到惊讶。阶段性学习目标也不应该过于零碎，因为这样学生很容易忽视更大的学习目标。在前面的例子中，老师不会去把学习目标加上这些条条框框，不会让学生写固定长度的段落（例如，“五句话”），规定好特定的主题写段落（例如，水循环），或者仅仅是一个具体作业（例如，阅读第9～10页，写一段总结）。在这些例子中，长期目标比具体学习目标更重要。

在巡视学校的时候，我们的工作之一就是询问学生正在学什么。很多时候，除非老师一直刻意地对学生强调学习目标，学生们几乎无一例外地回答他们正在进行的活动，而不是活动背后的学习目标。课程表中的内容经常是我们需要参加的活动，却没有明确写出该活动的学习目标。因此我们建议，总体目标与相关活动应当结合，这样才会取得理想的效果。

个性化的学习目标

学习目标必须有学生参与才有意义。说到底，学习还是取决于学生自己。如果学生不想学，即使是最好的教学方法和课程也都无济于事。简单地说，如果学生不从心里自发接受这些目标，那么即使设定了学习目标，他们也不会去学。因此，对于教师来说，重要的是要将目标转化为对学生来说有意义的东西，帮助学生把学习目标变得更加个性化。

比如，低年级学生在学习哺乳动物时，可能会这样制定自己的学习目标："我想知道海豚是不是比狗和黑猩猩更聪明。"当学生开始学习乘法表时，他们的目标可能是："我要在三分钟内答对100道乘法题。"很多学生在确定学习目标方面缺乏经验。因此，教师可以给学生演示一遍流程，向他们提供句子主干，比如：

- "我可以……"
- "我将要……"
- "我知道……但我想更多地了解……"
- "我想知道，如果……"

如果学生有机会将达成特定目标的标志记录下来的话，那就会取得事半功倍的效果。例如，目标性清单可以有一个附加栏，"当……的时候，我知道我已经出色地完成了这个事情"。在高年级学生制定个性化的学习目标时，往往需要教师帮助他们深入回答像"为什么？"以及"那又会如何？"诸如此类的问题。此外，我们在后面的章节中会讨论到有关设定表现预期的内容，它要求学生了解不同层次的学习——从基础到熟练再到精通。因此，在到达精通的过程中，需要为每个阶段都设定学习目标。

前期测试也可以帮助学生找出知识上的盲点，并通过自我评估，知道自己需要在哪方面提高。例如，在学习美国独立战争这个单元之前，教师可以进行一个关于独立宣言诞生因素的调查或测验，看看学生已经掌握了哪些相关知识，或者存有哪些误解。经过这种测验后，学生就可以在学习该单元的时候，补全知识盲点，达到融会贯通的程度。

多沟通，多提醒

当然，想让学生设定个性化的学习目标，做到以上这些还远远不够。作为教师，让学生始终把精力放在这些目标上也是颇为重要的。很多父母都会询问孩子在学校做了什么，但孩子们通常就是无奈地耸耸肩，应付了事。对于学生来说，他们很容易就会忘记自己学习的原因。

学生们虽然可以轻松地阅读书中的内容，解决问题，或写一份报告，但对于这些学习活动的目的还是一头雾水。因此，这就需要教师将学习目标和任务明明白白地展现出来，并不断在口头上提醒学生。教师要保证这种提醒能够贯穿整个教学过程。这样做能让学生在前进的过程中步步为营，向着更大的学习目标迈进。

教师也可以通过信函、电子邮件、网站，或学生学习管理软件等方式与学生父母相互沟通。这样的定期沟通可以让家长也加入强化学习目标的行列，在询问孩子课业情况时，提出的问题要比平时更加具体。家长不会再问："今天在学校都学什么了？"相反，他们可以提出更有针对性的问题，比如："你知道水循环的过程吗？"最后，正如前面章节所描述的那样，找一个固定的地方（如白板、索引卡、网站或讲义）写上本次的学习目标，不断提醒学生手边任务的目的是什么。

每节课都以终为始

当然，不只是学生需要学习目标的引导，教师同样也需要。好的教师不会让教科书或者受宠的活动（教师可能总爱使用那些受追捧的教学项目，但经一系列的实践发现，它们与这些标准和课程指导联系并不紧密）牵着学习走。相反，他们会以终为始，采用倒推规划法，根据学习目标来设计课堂活动。在《重理解的课程设计——专业发展实用手册》（*Understanding by Design*）一书中，作者格兰特威·威金斯和杰伊·麦克泰指出，许多课堂常犯“双重罪名”：一是“漫无目的的教学”，指的是机械地教授书本上的内容，努力在期末之前完成所有内容；另一个就是“漫无目的的活动”，指的是在课堂上开展一些活动，虽然有趣，但不能提高学生的理解力。为了避免犯这样的错误，威金斯和麦克泰建议教师在上课之前要明确两个关键内容：

1. 他们希望学生学到什么（比如，他们的学习目标）。
2. 学生如何展示他们的学习成果。

只有明确了以上两个问题，我们才能知道怎样做才能有助于学生的学习。有许多研究也表明这种说法是正确的。所有有关教学策略的研究都证明这些策略其实并不是万能的，并不能够适用于所有的情况和所有的学习目标。换句话说，单纯地使用一个研究性的策略并不能保证学生的成功。相反，约翰·哈蒂在对800多个教育研究进行变化分析后指出，教师要想让课堂教学富有成效，他们就需要“对学习目的和成功标准格外关注”。

正如我们将在下一章讨论的那样，随机使用教学策略不会提高学生的成绩。教师还必须了解怎么使用，何时使用，以及为什么使用它们，这需要清晰地了解我们要让学生学到什么，然后有理有据地明确最佳学习活动和教学策略，以此来帮助他们实现学习目标。

最后的思考：设定目标的重要性

如果你曾经坚持过节食、锻炼，或者存钱，那么你就应该知道设定目标是多么的重要。如果没有目标，就很容易偷工减料（一块馅饼算什么），推脱一下（我明天就去健身房），或者自欺欺人（我这里还有一些支票呢）。这就是为什么健身教练总是敦促学员们制定目标并时刻跟进进度。这就是为什么金融专家告诉人们，要提前做出预算，从小做起，先还清最少的那份债务，一步步来。

没有人能随随便便成功。成功需要强大的决心和踏踏实实的努力。学习也是一样。学生不会在无为中学到知识。课上的知识并不会主动地跑到他们的大脑中去。需要付出努力，才能学有所成。换句话说，学生必须自发地认为，“好吧，我想要学这个。”

因此，本章的重点就是，你所教授的每节课必须由一个学习目标来引导，并且对于你想要学生学到什么要了然于胸，不应让学生在这个问题上感到迷惑。与此同时，阶段性学习目标应该镶嵌在一个更大的学习目标之中，让学生了解完成阶段性目标后，就会逐渐接近他们的长期目标。虽然像这样设定长期目标和阶段性目标并不一定会让我们成为一个NBA超级巨星，但如果缺少了它们，我们在自我挑战、自我提高的路上将寸步难行。

第三章

我能让学生直接了解我的期待

在1969年的一部电影《傻瓜入狱记》（*Take the Money and Run*）中，伍迪·艾伦扮演一个名叫维吉尔·史塔科威尔银行抢劫犯。他初来乍到，在抢银行时，悄悄地递给银行柜员一张手写纸条，上面写着：请把50000美元放进这个袋子里。东作自然点儿。老子有一支抢正指着你呢。

银行柜员盯着纸条看了一会儿，然后抬起头，皱着眉说，“我看不懂。这是什么？什么叫东作自然点儿？”

“不对，上面写的是‘请把50000美元放进这个袋子里。动作要自然’。”史塔科威尔解释道，紧张地看了一眼他的肩膀。

“还有，这字儿看起来像是抢，并不像枪。”银行柜员坚持说。他把另一个柜员叫过来，一起看这张纸条，讨论字的对错。过一会儿，几个银行员工都围过来看这张纸条，还为这几个有问题的字起了争执。

有人还指出纸条的一处语法错误。“应该是‘动作要自然’。”她不屑地说。

后来，两位警察逮捕了他。在他和女友打电话时说道：“听着，我不能去赴约了，我会再给你打电话的，大约……”

“大约十年后。”警官突然打断他说道。

当然，这个玩笑在于，史塔科威尔走进的这家银行，只看重了抢劫纸条上的拼写和语法，而根本没有注意内容。对于学生来说，教室同样是一个让人迷惑不解和让人受挫的地方。因为学生在完成一项作业时，心里面往往有一套明确（或者模糊）的评分标准，后来却发现老师所用的评分标准与自己的完全不同。

点明评分的标准

学术标准的一个重要意图是要让学生和家长清晰准确地了解学生要达到的表现期望。如前章所述，制定明确的学习目标有助于做到这一点。然而，仅仅为他们制定一个高学习标准还远远不够。维吉尔·史塔科威尔从抢劫纸条那里得到的教训是：要保证纸条内容的简洁，拼写和语法的正确。同样，学生需要清楚自己的知识或技能应达到什么水平，由浅入深，从熟悉到精通。因此，除了阐明学习的内容，教师还要表达出自己的期望，告诉学生达到怎样的水平才算是完成目标。

布莱恩·古德温：当我还是一个写作老师的时候，我曾经用作家标准来时刻提醒我的学生，告诉他们在写作中要"展现，不要直说"。也就是说，在描述一件东西价钱昂贵或者一件事情很难办时，作家不要一语道破，而是要通过一些细节从侧面展示出它是多么的昂贵（一百万美元！）或者多么的困难（需要四个人花费一个月才能完成的工作）。在阐明学生学习期望方面也是如此：教师不应该只从口头上告诉学生掌握学习看起来会是什么样的，还应该向学生展现出来。

在我当老师的最初几周内，我偶然发现了展示我自己的分数期望这个概念。毕业仅三个月，我为大一新生上写作课，同时还参加了一个写作教学课程。按照课程要求，教员需要在教写作的同时，与学生写同样的文章（记叙文、说明文、议论文、研究性论文等等）。当我随口对我的学生说，我正在写的文章正是我刚才布置给他们的作业时，我立即意识到自己犯了个错误，因为学生听了后马上要看我写的文章。犹豫再三，我还是把文章拿给他们看了。我想，难道我不应该做出一个符合标准的表率吗？

学生对我的作文十分欣赏，并对我的作品提出了颇具建设性的意见。他们看到了经验丰富的作家（或至少拿到了大学学历的人）在写同样的题目时，是如何排篇布局、遣词造句的。从中他们着实学到了不少。从那以后，我每为学生布置一次作业，都会与学生分享我的文章，其中还包括一些我也在不断追求的叙述标准。久而久之，我收集了不少学生的作品，这样我就可以拿出A、B、C不同等级的作品（当然是匿名的）作为例子来分析。

整个想法重在开宗明义，向学生明确表明评分等级要求。这样就会让学生们知道，只要自己肯努力，按照要求做，就肯定可以得到A的成绩。当然，他们必须满足高标准的要求，但只要他们满足优秀作业的标准，他们的成绩就不会反复无常地上下波动了。

以下是几个关于如何点明评分标准，以及如何清晰和明确地告诉学生学习期望的方法。

重要的作业都有标准

当然，借助评分标准以及学生作业来展示学习期望已经不是什么新鲜事了。近期，一份研究了75份课堂评分标准调查的报告发现，评分标准不像我们想象的那样，它不一定会让教师表现得更好，或者在打分上保持更稳定的标准。事实证明，同其他方法一样，评分标准的使用（或解释）可好可坏。然而，研究者们却发现，如果教师将学习期望明确化，那么评分标准能帮助学生更好地评估自己，让他们变得更容易接受反馈，会更主动地学习。为此，研究人员认为，在课堂上使用评分标准最重要的原因就是，让学生“知道他们为什么要做手中的事情”。

明确的预期也可以激励学生更加努力地学习，取得更好的成绩。例如，一项针对大学生的小型研究发现，当学生在开始写作之前，了解了评分标准的五个等级，那么他们所达到的平均分数要比不知道评分标准的班级高出整整一个等级（两班成绩分别是84%和72%）。事实上，在留作业之前就告诉学生评分标准，能帮助他们取得更好的成绩。这样做要比传统的方法更加有效：看看学生是大几的，看看这门课是不是他们的专业课，或者通过学前测试来判断他们对知识的掌握程度。以下是我们推荐的创建评分标准的几项指导原则：

确定熟练等级　在四个等级的评分标准中，我们建议教师首先确定第三等级。这个等级算是及格等级，并能显示出对知识的熟练程度或对内容的理解程度。

围绕着熟练度建立起其他等级　从这个角度来看，建立起其他等级会相对容易些：a1代表的是理解力或表现力的最低水平，a2表示虽然有一定的理解力/表现力，但还存在明显不足，a4表示理解力或表现力已经达到较高水平。

注重进步　最后，我们建议，如果您使用的是0的话，那应该表明“没有足够的证据评估理解力”。这样一来，即使学生得到的分数是评分标准中的最低等级，那他们就应该理解为自己的表现还有很大进步空间。

评分标准往往用于评价主观性更强的作业，批改学生论文时，教师评分似乎可以更加随心所欲。但是明确评分标准对于学生也同样有益，特别是在技术性科目的学习当中，比如数学或者计算机科学。

找到“古迪洛克带”①

明确表现期望为学生带来了另一种好处：当学生了解了评判标准之后，他们更愿意去挑战自我，让自己表现得更好。动机心理学派的研究带头人爱德华·德西（Edward Deci）指出，内在动力来自两个深层次的心理需求：自我决定力以及解决问题的能力。简单地说，如果我们主动去选择活动，而且这些活动的难度又在我们的“古迪洛克带”内，也就是说这些事情不算太难也不算简单，那么我们会乐在其中。

电子游戏一直以来都体现了这一原则。每一关的难度都逐渐增大，例如，以传统的思路来看，游戏难度越高就会有越多的入侵者，或者是跑得更快的幽灵在抓精灵吃豆人。评分标准和清晰明确的表现期望对学生能起到同样的作用。

下面是一个具体实例。

根据十一年级和十二年级的文学阅读1级标准，学生应该能够“引用有力而又全面的论证，清晰地分析出文本要表达的内容以及文本的结论，包括确定文本在哪些方面有欠考虑的因素”。

如果作业是给一首诗写一篇文学分析，那么精通的标准应是有能力“用诗歌中最重要的引文作为依据，进一步拓展诗歌的主题”。“优秀”

---

① 古迪洛克带（Goldilocks zone），也称适居带，是指“生命带”“绿带”，是天文学上的一种空间的名称，指的是行星系中适合生命存在的区域。

作业不仅仅能够选取最重要的引文，同时也选用的是最有力的内容。一份“差强人意”的作业会从诗歌中选择有些相关的引文。“初学者”的作业选择的引文对主题来说可能毫无意义，不能明确地支持观点。

根据上面这个例子，我们可以看到一项评分标准是如何帮助学生集中精力，专注于应该做的事情上。它可以激励学生更深层次的思考，最重要的或者明显的引文与能强有力支撑作者观点的引文，这二者的区别在何处。更重要的是，这能帮助学生找到适合自己的“古迪洛克带”。对于某些学生来说，简单地理解诗歌的意思，并能选出相关的引文就算是一定的挑战了。对另外一些学生来说，凭他们的能力可以理解这首诗，得出一些推论，并且能将这首诗与其他文学作品联系起来，从而找到支撑他们分析的那些引文。正如我们稍后将看到的那样，研究表明，向学生展示每一级别的相应表现——从令人不满意到一般再到熟练——要比分数或者等级更能激励他们“奋发向上”，就像在玩电子游戏那样，逐步达到更高的水平。

学生也可以参与到评分标准的制定当中，这对他们来说也能获益良多。例如，教师可以组织一场课堂讨论，让学生思考，评分标准中的“差强人意”和“令人满意”有什么区别。对于初级阅读者来说，这种讨论可以让他们更快地理解评分标准的内容，逐渐熟悉其中的语言表达。比如，一个幼儿园老师准备让学生复述一个听过的故事，让他们捏出黏土人物模型，给各种场景中的人物拍照，然后记录人物在特定场景下的故事。首先，教师在全班同学面前放一个需要补全的评分标准，供全班讨论。他们规定在评分标准的第二栏可以犯适当的错误，比如把故事的顺序弄混。他们也认为认真创建角色十分重要。随着讨论的深入，老师可以把学生基本思路概括成简单的话语，填入空缺的评分标准中。这样做，学生就能学到如何明确不同的评分标准，这会让他们受益终生。这个例子的评分标准列在了图4中。对于低年级的初学者来说，教师可简化评定标准，选择三个层次的标准即可。

图4 | 幼儿园黏土玩偶故事复述规则

	1	2	3
复述	● 复述故事的过程中出现很多错误。 ● 遗漏了多个重要事件。	● 复述故事的过程中出现一个错误。 ● 遗漏了一个关键事件。	● 按事情发展的先后顺序复述故事。 ● 所有事件无一落下。
黏土玩偶角色	● 遗漏了多个关键角色。 ● 黏土玩偶角色和故事中的角色对应不上。	● 遗漏了一个关键角色。 ● 黏土玩偶与故事中角色颇为相似。	● 所有重要的角色无一落下。 ● 黏土玩偶成功地把故事中的角色塑造出来。

标准是中心内容

另一个清晰阐明表现标准的重要好处是，它可以让教师的角色变得更加重要。据德西和他的同事观察，教师的积极奖励，如口头表扬，有时取得的效果会适得其反。特别是当这种奖励是为了控制学生的行为，强迫他们做教师要求的事情时，这种做法反而会挫伤学生的积极性（比如，“你应该再接再厉”）。相反，如果教师用事实信息作出反馈，或奖励是实事求是的（例如，“你做的作品是在一个基本的/精通的/优秀的水平”），学生可以看到自己能力的真实水平，那么学生就会主动去更好的表现，并且不带有任何负面情绪。

换句话说，通过明确界定欠佳的、一般的、优秀的表现内容，老师的角色可以从一个随心所欲的分数“给予者”，转变为一个以帮助学生取得学术成功为己任的导师，其中的很多方法并非教师制定的，而是由世界范围内的学术标准设立的。

例如，当老师说：“我觉得你从诗中找出来的这段引文并不合适。”听起来就像是将自己放在了学生的对立面上。教师对作业的评判是如此的主观，仿佛学生需要想方设法地去取悦教师一样。通过建立明确的表现标准，这样的谈话可以变成学生与教师共同探讨表现标准的对话。比如说：“你熟于分析，但要想达到更高的水平，你还需要在引文的挑选上下功夫，注重提高引文的重要性和效果。你分析中的引文虽然抓到了诗歌的中心思想，但它们对分析内容的支持力还有欠缺。让我们来谈谈应该怎样做。”通过这种方式，学生根本无须取悦教师，而老师则以“引导者”的身份在一旁提点学生，帮助他们提高表现。

另一点要考虑的是，特别是如果评分标准被用于形成性反馈时，教师可以不打分，把重点转而放在标准上。无论是多么小的测验分数，一旦学生看到一个“分数”，他们就会自然地把它当作最终成绩。因此，教师如果在反馈中不给出分数，学生反而可以集中精力好好改进，让自己的作业质量更上一层楼。

标准连接努力和结果

明确表现标准的最后一个好处是，它可以帮助学生清晰地了解到底应该怎么做才能做得更好。也就是说，这可以让学生知道应该把精力放在哪些地方。当学生可以将付出与回报联系在一起的时候，他们更容易发展成为那些研究人员所说的“博学勤奋”的人，这本身就符合内在动机的特点。换句话说，这样做的一个好处就是，即使这件事情学生不喜欢，他们也会在这上面努力用功。

另外，当学生不能把获得奖励（或惩罚）与自己的表现相联系时，他们就会产生心理学家马丁·塞利格曼所说的习得性无助感，也就是他们会认为自己没有能力去控制他们的学习结果。这在一些研究中被称为“命运掌控”，现已成为所有学校控制因素中，对学生成绩影响最大的因素。简单地说，不明确表现预期的做法是百害而无一利的，因为这样会让学生觉得分数是随意给出的，与他们的努力和表现没有太大的关系。

实践范例：表现标准和评分标准

以下是结合表现标准和评分标准的课堂范例。

杨老师是一所小学的技术教师。现在他正要求他的四年级学生去创建他们的第一个论坛，证明他们已经达到了两个共同核心州立标准：

CCSS.ELA-Literacy. W. 4.2　写信息丰富或有说明性的文本，用以研究一个主题，并能够清晰地传达思想和信息。

CCSS.ELA-Literacy. W. 4.6　在一些成年人的指导和帮助下，利用包括互联网在内的技术，撰写、发布文章，并与他人进行合作互动；展示出熟练的键盘操作技能，一次至少要一气呵成地输入完一整页。

他要着重强调的一个概念是设计和导航栏要简约。一开始，他向同学们展示论坛设计的反面例子。然后全班进行课堂讨论，发现在这样的网站上搜寻信息是十分困难的，很多主页嵌套，甚至在导航栏中缺少与主页面的链接。之后，他又展示了一个精心设计的网站例子，提请学生注意其简约的设计、色彩的运用，以及字体选择。

在让学生们动手之前，杨老师让全班同学共同规定了论坛的评分标准。全班一致同意，网页最重要的是要有引人注目的颜色组合，简单易懂的文字，以及操作简便的菜单。最后，全班同学群策群力，共同制定了三个大标准，每个标准有四个等级描述。学生对网站设计知识掌握得越多，他们的评分标准也会变得越发复杂。杨老师在制定评分标准时让同学们积极参与，这种做法不仅能让学生对标准有个清楚准确的认识，还能让他们在学习目标上有主人翁的意识。

在评估学生表现的时候，杨老师没有让学生失望。在整个任务中，他一直在帮学生寻找设计的缺陷，看看在哪方面没有达到标准，然后帮他们出谋划策，改善他们的设计方案。这一路走来，很多同学都有了不小的改变和进步。学生每一次的挑战都符合他们自身的能力范围。此外，杨老师还以标准和评分规则作为指导基础，给学生及时的反馈，让他们知道自己有了哪些进步。

正如我们将在第七章讨论的那样，预先设定好表现标准可以改变师生间的谈话和给学生的反馈。这样做不会让学生觉得他们属于“优等生”或“差生”的行列，反而会帮助教师让学生了解，自己的努力是如何取得现有成绩的，以及如何通过额外的努力来提高自己的表现和成绩。

最后的思考：标准需要每一天都遵守吗

有些读者可能质疑，这一章是否应该出现在本书中，因为本书的目的在于明确教师应该在每一天做些什么。为学生提供表现标准和评分标准是教师每天都需要做的事情吗？我们认为，这确实不应该是三天打鱼两天晒网的事情，不应该只在一个单元结束，或者给学生作业打分时才使用这些标准。相反，正如之前我们说过的那样，这些标准应当贯穿整个学习过程，并且教师还要注意给学生设置挑战，促使他们不断进步。

从本质上说，给学生制定的表现标准就是让标准的橡胶适合我们高期望的跑道。用标准来确定我们希望学生知道些什么，这是不够的，这就和认定所有的花样滑冰运动员只要在2分50秒之内完成短节目的全套动作就满足了同样的标准一样。用标准来定义日益提高的表现水平，能够指导教学，因为教师每天都需要鼓励学生，让他们知道如何“天天向上”提高自己。在《傻瓜入狱记》中，银行出纳员那出乎意料的纸条评判标准让银行抢劫犯的计划泡汤了，这一系列错愕引发了喜剧效果。在课堂上，模糊不清的表现标准带来的影响是严重的，甚至还有潜在的破坏性，不仅会打消学生的学习积极性，还会阻碍他们取得进步。

第四章

比起高要求我更注重学生的理解

历史学家常把19世纪80年代称为美国激进变革的时期。当时正值镀金时代的巅峰时期，工业化迅速蔓延，大大小小的工厂如雨后春笋般在美国东部兴起，西部则铺设了上千英里的铁轨。当时，洛克菲勒，范德比尔特和卡内基等人摇身一变，成为了百万富翁。1880年，一个来自新泽西州名不见经传的发明者，托马斯·爱迪生，获得了白炽灯的专利。这项发明一夜之间改变了整个世界。大约在同一时间，一名哈佛教授发明了一种评估学生作业的新方法。这是一项席卷全国的发明，最终变成了像黑板、2号铅笔和黄色巴士一样成为经典教育标志，这就是字母分数。

然而十年后，哈佛的教授们已经开始埋怨："在目前的实践中，漫天的分数都是A和B。A表示良好的成绩，B是中等偏上。"他们担忧的是，如果外界认为这所久负盛名的大学将这种"虚假的成绩"视为高分，那么哈佛大学的"学位含金量将会严重贬值"。

这种成绩通货膨胀的绝望境况一直没有得到改善。学生的分数提上来了，但能力却没有相应提高。最近的数据显示，新一代的评论家担心，如今的高中成绩与之前的比起来已经面目全非。看看下面的数据：

- 1991年至2003年之间，高中学生参加美国大学入学考试的数学平均成绩（GPA）从2.80的上升至3.04，而他们的数学分数比例只是略有上升——基于36分制，分数只是从20.04升至20.55。同样，英语平均成绩从3.04上升到3.29，而英语成绩比例只是从20.22涨到20.44。因此，人们认为，平均成绩的上升是“由成绩的通货膨胀造成的，而不是成绩的平均分得到了提升”。

- 在2006年，平均分为A的高中生人数比1976年翻了一倍（15.6%比7.7%），平均分为A或A⁻的学生人数也翻了一倍（32.8%比18.3%）。
- 2007年，两个联邦报告发现，1992～2005年间，美国高中学生在美国国家教育进展评估（National Assessment of Educational Progress, NAEP）中处于熟练或优秀水平的比例有所下降，而其平均成绩却从1990年的2.68上升到2005中2.98。即使在名义上有越来越多的学生加入了拔高班，进入大学预科班的学生人数是之前的两倍（从5%到10%）。

当然，这里存在的问题是，如果学生在相同（或更低）的学习水平上获得高分，那么宽松的分数标准可能降低了为所有学生设立的标准。

皇帝的新装

然而，一些评论家反对这种类型的数据，其原因正如阿尔菲·科恩写到的那样，这些数据依赖校方的自我报告，是“非常不可靠”的。他的意思是：高分数可能只反映出今天的学生比过去更加能够直面“真实挑战”。然而，美国大学入学考试进行了一系列的研究，比较了学生报告的成绩与他们在校时的成绩单，发现学生足够诚实，因此，人们可以放心地从这些自报的成绩中得出结论。

其他人则认为，我们的关注点不应在于今天的成绩是否更宽松（过去的成绩可能给学生带来不公平的歧视），而是分数是否准确地评估了学生的学习。在这里，还有一些证据表明，高中时取得好成绩并不能代表我们在上大学之前做好了充分的准备。

在俄勒冈州，观察者分析了2200所高中学校的学生成绩，并将其与大学录取的标准相比较。分析显示："只有在高中时得A的学生才更容易符合标准，而其中的大多数学生甚至没有达到入学的最低水平。"大多数得到B的学生和一些得到A的学生，根本达不到入门级水平。为此研究人员得出结论：分数的通货膨胀现象"确实存在"。至少这个研究表明，即使抛开正在发生的分数膨胀不谈——教师的打分标准已经随着时间的推移变得更加宽松，许多高中教师给出的分数并不能满足大学教授的要求。

现如今，几乎所有人都会对学生都抱以较高的期望。然而，数据表明，采纳的标准很多时候并没有反映出课堂的真实水平。不知出于何种原因，或许是为了不伤害学生的自尊心，或避免与家长、管理者和学生产生冲突，教师可能会降低打分标准。而这就像皇帝的新衣那样，对谁都没有好处。

最初，古德温为《教育领导》（*Educational Leadership*）月刊研究专栏写了很多相关内容。专栏发表之后，他收到了教师们大量的措辞激烈的信件。他们站在教师的角度，委婉地斥责了那些数据以及他的数据分析。然而，在电子邮件和博客文章中，教师们也承认虽然高期望十分重要，但却难以持续。他们还说，降低学生的预期，往往是响应了家长和学生对成绩的诸多抱怨。当然，认清这个问题只是第一个步骤。下一步则是考虑我们应该做些什么。

分数要反映真实水平

首先，我们要知道期末考试分数代表的到底是什么。它们能反映出学生的真实能力吗？还是有其他别的意义？

我们不需要对分数进行深入挖掘。事实上，这其中涉及许多方法，其中的一些与学生的学习关系并不大。教师降低对学生的要求最常用的方法，就是把努力、能力、行为以及态度因素也考虑进去。特别是在低收入家庭占很大比例的学校中，成绩往往代表了规范和控制的“隐性课程”，成为教师让学生保持秩序的诱饵。一组研究人员发现，“事实上，在有问题的学校，为了让学生有规范的表现，良好的行为取代了学习成就”。

一个对307位教师的打分标准的检验（涉及8664名学生）发现，成绩就是一个包括态度、努力和能力的“大杂烩”。例如：

- 四分之一的教师表示，他们“经常”会根据学生的努力程度来提高分数。
- 五分之二的教师表示，他们会把（好的和坏的）行为和态度考虑在内。
- 一半的教师说，他们会把课堂参与纳入他们的考虑因素当中。
- 在给出最终分数的时候，有五分之四的教师会把学生的进步程度考虑在内。

事实证明，76%的学生对这种杂乱无章的打分因素感到满意。这与取得最终分数为A或者B的学生比例惊人的相似（初中72%；高中68%）。老师们也支持这种大杂烩的举措，很大程度上是由于教师会觉得他们需要激励学生、控制行为，以及应对来自家长和学生的双重压力。

然而，教育评估专家则认为，课程成绩反映的应该是学生对知识的掌握程度，而不是其他因素的综合，比如在课堂上保持安静，或者按时交作业。一些人则过激地认为，学生掌握知识的程度和能力应该被视为期末成绩的唯一考虑因素。在那些分数追随者们的眼中，如果把那些非学术性的因素，如努力程度、学习态度，以及家庭作业的完成情况融入期末成绩中，那这就是在“捏造”对学生表现的评估。

分开对待行为与成绩

诚然，激励学生和行为管理往往会成为每一个教师每天都会关注的事情。有些教师甚至怀疑，那些主张排除行为、努力和态度等非学术因素的人是否进过教室。我们经常可以听到这样的说法：“想想吧，如果学生们知道自己的行为不会影响到他们的成绩，那么你将如何管理这些孩子。”

作为教师，我们或许也曾对自己说过同样的话。然而，布莱恩在他的职业生涯早期就了解到，将行为管理与成绩挂钩会有意想不到的结果。在经历了因为缺少管理课堂锦囊妙计而感到失望之后，他制定了一套复杂的方案，即给学生的不同违规行为分配分值（例如，迟到、插话、失礼的行为），并根据其表现相应地扣除分数。是的，谁都会在这一点上感到没把握，因为这个系统漏洞百出，仅从逻辑方面看就是难以实现的。在成绩册上需要不断地记录不良表现，这往往要比不良表现本身更加烦人。

在更深的心理层面上，与成绩挂钩的行为管理系统可能不会有什么积极的作用，因为它相当于创造了另一套惩罚系统，而这往往会打消学生学习的积极性。德西发现，当孩子因为画画获得了奖励，他们就会在以后减少画画的时间。同样，让学生做我们希望他们喜欢的事情，然后给予奖励的话（无论是画画还是参加富有成效的课堂会话）会让学生觉得活动本身并没有多大意思；因此，我们必须诱导孩子去完成。换言之，与成绩挂钩的行为管理系统可能只会激发学生叛逆的本能，让他们去违抗自己的老师，而不是激发学生的学习动机，成为尊重课堂的参与者。

当然，也不应该忽视不良行为。正如我们在第八章中会讨论的那样，创造相互尊重的学习环境对于高效的教学是必不可少的。因此，虽然我们建议从学分中除去非学术性的考虑因素，但是我们并不建议同时忽略努力、行为、参与以及其他标准。相反，我们希望教师能够强化积极的行为，比如参加活动和完成家庭作业，但是没有必要把它们纳入学术成绩中。

这样做的一种方式是提供（或去除）某些特权，比如，独立的阅读时间或者参加丰富的活动项目。例如，小学教师可以在自己的桌子上放一个空罐子，旁边放一碗石头。当学生或老师看到了他人的良好行为时（例如，帮助另一名学生清理垃圾），就将一颗石子放在罐子里。当罐子被填满时，班级就会赢得一个聚会奖励。实践证明，这个简单的策略能够鼓励学生的良好行为，同时还不会将非学术因素放在成绩册上。

我们将在接下来的部分提供更多的行为管理技巧的例子，它们都不与成绩直接挂钩。这里所要说的是，你不希望你的医生因为你迟到，就着重指出你的胆固醇含量或者体重过磅。同样，一个学生的成绩确实应该是自己学习情况的真实反映，与他是否遵从老师的指示无直接关系。

不是努力就有A

如前所述，四分之一的教师经常因为学生努力而提高学生的分数。当然，如果学生因为一点点分数就与更高级别擦肩而过的话，那就另当别论了。这种情况下，教师可能理所当然地给这个学生提提分数，抵消成绩中某些潜在的误差。然而，仅仅因为学生刻苦努力学习而提升他们的分数，但实际上学生却未能达到标准。这样看起来就是，努力与成功之间毫无关系。这就像老师在对学生这样说："我知道你努力了，但即便如此，你还是没有达到我们的期望。而且我也不知道如何帮助你提高水平，所以我就捏造了一个成绩。"

虽然没有人愿意承认，然而这的的确确是每天都在上演的事情。事实上，教师应鼓励学生奋发向上。以下是教师鼓励学生努力的两种方式，这样做还不会让学生觉得努力和成绩之间毫无联系。

让学生跟踪记录他们的努力 让学生知道，加倍努力并对自己的努力持续跟踪记录，对他们来说是种开阔眼界的经历，这可以帮助他们看到努力和成功的联系。例如，学生可以跟踪他们在校内外、在特定的学习目标上花了多少时间，然后制作一个学业表现与努力情况的表格，这样就能清楚地看到努力与成绩之间的联系。

制定一个努力评定标准 另一种不用分数就能鼓励学生努力的方法是，让学生评估自己的努力，然后帮助他们看到自己在评定标准上所得的分数与他们学术表现之间的联系。可以让学生用下面这个努力评定标准来评估自己：

1. 学生很少努力或者根本不努力。

2. 学生付出了很多努力，但是很快就放弃了。

3. 学生大体上表现出了努力，但是偶尔会放弃或者是注意力不集中。

4. 学生十分努力，并不断克服挑战。

作业也是练习

与讨论家庭作业及其在学习中的“合理”作用相比，几乎没有任何教育主题更能够激起人们的热情。关于如何或者为什么要将家庭作业作为教学的一部分，从科恩到马尔扎诺和皮克林，再到伯格曼和萨姆斯，每个人似乎都有自己的想法。我们将在本书第三部分更详细地讨论家庭作业。但研究表明，家庭作业的主要目的之一应该是让学生有机会练习新的技能或知识，并从反馈那里进一步地学习。因此，教师是否应该批改家庭作业，或者是否应该让家庭作业在期末成绩中占较大比例？

比如，一个溜冰教练不会像奥运会的裁判员那样，在学员每次做出勾手两周动作后喊出相应的分数。老成的教练都会认为，练习的目的是学习，应该放手让学生经历挫折和失败，每次都不会给出具体分数。但同时，教练会给学生提供持续的反馈，以提高他的表现。这样一来，当真正的考验（比如一次滑冰比赛）到来时，学生就会取得良好的成绩。

伊丽莎白发现，布置家庭作业是小学课堂教学中最令人抓狂的部分之一。因为她的学校有一个硬性要求，教师必须在每周五布置，在下个周四收作业。因此，她不得不在不需要留作业的情况下，也给学生布置作业。然后，她不得不将这些作业拉开梯度，使它们更有针对性，满足不同学生的需要。大量的时间被耗费在布置、检查和跟踪家庭作业上。而且有很多次她都认为，比起每日授课和课堂互动等真正重要的事情，制定家庭作业需要设计更多计划，浪费了太多的时间。

出于这一理念，我们为教师提供以下建议，重新考虑将家庭作业纳入到期末成绩中这一做法。

减少家庭作业在期末考试中的分数比例 我们建议家庭作业占期末成绩的比例不要超过10%，原因可以在前面我们讨论的关于成绩与学习目标的关系中找到。如果学生把过多的精力放在了与期末成绩挂钩的家庭作业上，就会感觉自己置身于一个不安全的地带，不愿去挑战自己，将自己的学习弱点暴露给他们的老师（所以他们可能寻求其他人帮助，这会让教师不了解学生对知识的掌握情况以及他们的真实能力）。因此，检查学生理解力的家庭作业也会失去价值。

提供反馈 如果分配给学生的家庭作业非常重要，那么教师有责任对其提供某种形式的反馈。毕竟，家庭作业的目的是帮助学生顺利地掌握刚学到的新知识和新技能。然而，这并不意味着家庭作业一定需要打分。如果给作业打分，则应当展现出学生在当下哪方面还没有达到标准要求；如果当天需要公布期末评估结果，学生应当怎么做才能获得改进的机会。

让学生弥补耽误的作业 有些教师将高期望与硬性的分数挂钩，比如，如果学生没交作业，则会给他打0分。似乎对于得到0分的恐惧感将会激励学生更加努力地学习，做事井井有条，并按时上交所有作业。然而，事实并非如此。许多专家担心这样做可能带来负面的、意想不到的后果。当一个不好的分数确实给学生的整体的分数带来无法弥补的损害，并让教师看不到学生的真实水平时，学生会失去学习的动力。

用评估激发动力

当然，分数不能验证学生全部的学习成果。几乎每一天，教师都会做出实时的决策，考虑如何通过考试、测验、家庭作业以及作业成绩来衡量学生的学习。教师最后的选择要告诉学生哪些是要重点学习的内容，以及对他们的表现期望。

举个例子，克罗斯和弗雷里在他们对教师打分的研究中发现：只有40%的教师认为，在每次测验的时候，出几道复杂的题目是合理的，能力稍逊的学生是无法回答对这些问题的。然而，大部分教师都反对通过提高考试的难度，来反映他们对学生学习的高期望。研究人员发现，“也许，许多人认为这个概念是残酷且无情的，即使它能反映出真实的心理忠告”。然而，更残酷的是不给学生挑战自我的机会，不向他们展示获得成功所必备的技能。此外，通过去除考试中的难题来降低衡量标准的做法，正好体现了卡罗尔·德维克描述的固定思维模式。这个模式认为，智力是一成不变的，是与生俱来的，不具有可塑性的。我们将在随后的标准中详细讨论这个概念。

评估更深层次的概念和批判性思维 不同的测试形式也能给学生带来不同层次的挑战，促进学生的学习。这里有一个很好的例子。在大学里，布莱恩报名参加了两个历史课程：美国历史和西方文明史。两位教授都是知识渊博的学者。然而，他们两个对于如何对学生进行测试有着截然不同的意见。美国历史学科的教授为学生准备的测试由100道复杂的多项选择题组成，看起来就像一场令人抓狂的马拉松。相比之下，在西方文明的课上，测试结构相对简单，但同样具有挑战性；教授在黑板上写了两个论文题目，要求学生在90分钟之内对其进行历史分析，并写出支持细节。布莱恩在这两门课上都表现得同样出色。然而，他所偏爱的美国历史中的那些趣闻学完后，又原封不动地还给了老师，如今只有那些模糊的记忆，比如，蒂波特山油田丑闻（Teapot Dome Scandal）指的是发生在美国怀俄明州茶壶形状的岩层；而直到现在，他还能回忆起从西方文明课上学到的宏观概念，比如在过去的三千年，让欧洲文化和政治形成的主要力量有哪些。

使用开放式的问题来评估评判性思维 布莱恩的个人经验在他所做的研究上都有所体现。研究发现，比起自由作答或者开放性测验，测试中的多项选择题更能够评估完全不同类型的知识。比如，一项关于以色列学生的研究发现，面对同样的阅读文章，多项选择题与开放性试题在分数上有着显著差异。一般而言，多项选择题比开放式问题相对容易。因此，研究人员得出结论，比起其他试题，多项选择题可能要求较低层次的思考，如识别和回忆，而开放式试题的回答则需要更深层次的理解力和创造力，对学生提出的挑战也更加艰巨。

加利福尼亚州最近的研究报告得出了相似的结论。研究人员给130位五年级学生一份多项选择阅读理解的测试。四周后，再给这些学生一篇同样的篇章阅读，进行开放性测试。在第二个测试中，学生的成绩一落千丈，尤其是那些男孩子们。研究人员得出结论，在多项选择题的测验中，很多学生很可能跳过文章，直接看问题，只是粗略地阅读文章，找到与问题中相匹配的关键字和词组。因此，多项选择题测试，有可能掩盖学生阅读理解能力的不足之处。多项选择题的另一个问题是，学生可能最终会找到猜题技巧。比如，较长的选项很可能是正确的，过于绝对的措辞（总是和绝不）往往是不正确的答案，以及处于中间位置的选项经常是正确的；等等。

适当地运用多项选择题 然而，以上这些研究并不是要说明多项选择题有多么的不好，或者开放性问题有多么的好，而是为了说明，如果多项选择题不经过深思熟虑的设计，往往就会倾向于测试较低的思维能力，比如理解和回忆；而开放式的问题则比较容易评估高层次的思维能力，如分析、综合以及创造。

根据目的的不同，要选取不同的测试方法。例如，在学完一个单元后，您可能希望知道学生是否掌握了必要的基础知识。这时候，给他们留一些多项选择题的作业可能再好不过了。同时，你可能想了解学生运用基础知识的程度，在这里使用开放式或自主作答题目则是不二之选。

值得一提的是，复杂的、精心编写的多项选择题也可以衡量批判性思维（见下节）。同样，设计得不好的自由作答题目可能无法准确衡量出批判性思维及其应用，特别是当试题只要求学生去回忆，而不是分析时。大体看来，这需要适当的权衡。多项选择题测试在打分时更省事儿些，但是要想把它们出得漂亮，教师就需要在前期投入更多的时间，让它们能更充分地考察知识。

最后的思考：甜蜜的毒药

谈到评估，我们就会想起评估专家们常说的座右铭：“你衡量出来的就是你所得到的”。教师如何评价学生的学习，对学生设定学习期望的能力至关重要。如果教师仅仅通过简单的填空题、项目匹配题或者多项选择题来评估学生的识别力和记忆力的话，那么学生得到锻炼的只是低层次的思维能力。反过来，如果教师鼓励学生进行分析性和创造性的思考，积极参加到作业布置和作业评估中，那么学生将更有可能发展高层次思维能力。

当谈到有关分数膨胀所带来的担忧时，我们承认，外在影响的事实确实存在，比如，分数可能削减学生学习的积极性，或者对学生的学习动机产生负面效应。有些人可能仍然不清楚我们应该在这方面下多大的力气。

毕竟，正如科恩等人认为的，对成绩的严厉要求并不一定会让学生有更好的学习成绩。此外，有些人可能认为，字母评分制度存在严重的缺陷，因此我们不应该继续使用它，而应该采用标准化的打分制度。对于这点，我们也不再争论。

但是，目前大部分学校还在使用字母评分制度。如果学生和家长不把这些分数作为表现的激励，那至少应作为衡量他们为进入大学做好准备的基准。在全国范围内美国四年制院校中，30%的新生在读大学过程中，甚至在读完大一后就辍学了。这些辍学的学生和他们的家庭付出了巨大的金钱代价，五年里白白浪费了纳税人90多亿美元，包括国家拨款和助学金。

教师在打分标准上表现松懈（无论是生硬地将非学术性因素放到打分因素当中，还是设定的评估和表现准则对学生来说过于简单），很可能是出于对学生的同情。他们不希望让他们的学生感到沮丧，或者为了他们上大学予以关照。然而，人们不禁要问，在这些辍学学生中，有多少人在高中曾获得不错的成绩，结果进入大学时却发现，那些不切实际的高分可能才是甜蜜的毒药。

小结

对严格要求的最后思考

也许太过简单化（或许有些人可能认为太复杂），但是本书中第一部分可以看作是设定高期望的一种方法：

以严格的标准来指导学习

\+

学生认同学习目标

\+

较高的表现标准

\+

评估和评价标准一致

=

高期望

然而，我们应当把这些内容看作是一个个组成部分，而非相互结合影响的。也就是说，如果这些个体内容没有完全落实，那么最终的效果将被削弱。

举个例子，如果教师设定了较低的表现标准，或者是没有准确衡量出学生的真实水平，那么即使学生主动上了那些标准化的课程，并明确了自己的学习期望，最终的效果也会大打折扣。同样，教师可以把其他方面做得很好，但如果他们不能帮助学生充分认识和制定自己的学习目标，那么他们很可能觉得自己是缘木求鱼，花费很大的努力却收效甚微。

理发店四重唱中每个歌手必须唱在各自的调上，教师必须确保高度期望的这四个组成部分每天在他们的课堂上都能发挥各自的作用，整合在一起才能奏出和谐的乐章。

THE 12 TOUCHSTONES OF GOOD TEACHING

第2部分

鼎力相助

BE SUPPORTIVE

提供一个有助身心发展的学习环境

1969年，一个名为朱迪思·克莱因菲尔德的哈佛大学博士生前往阿拉斯加，“渴望开展重要的研究，为那些在学校里表现得还不够好的孩子们设法改进教育”。克莱因菲尔德希望能找到对阿拉斯加原住民学生产生最积极影响的教学方法，于是她花了一年的时间比较两个寄宿学校中教师和学生的课堂互动。在这一年的过程中，她将教师分为了四种类型：

1. 传统型：对学生的期望很高，但没有考虑到与学生之间的关系。有一些学生在课堂上表现出色，但大多数并不是这样的，阿拉斯加原住民学生更是表现平平。

2. 世故型：往往对学生漠不关心，要求不高，就像飘在教室里的惰性气体，对学生及其学习情况产生不了任何影响。

3. 多愁善感型：往往和蔼可亲，但是要求不高，或许是同情学生，但同情的原因显然不对。其结果是，学生学习太顺风顺水，而学到的东西并不多。

4. 温和严格型——原作称“支持型讨人嫌”：也就是将“个人高度的亲和力与积极主动的要求”相结合。结果，学生积极参与到课堂当中，并愿意按教师要求努力学习。

自1972年克莱因菲尔德首先创造了温和严格型这个术语以来，几十篇学术文章都用它来形容这种广受认可的高效教师的素质，即在给学生设立高标准的同时鼓励学生的成长能力。最近一份对800个学生成绩的综合分析的研究进一步印证了这一概念，发现与教师高效率联系最密切的因素之一即是师生之间的关系。总之，该研究似乎印证了一句古老的箴言：人们首先在意的是你有多关心他人，然后才会在意你有多渊博。

在本节中，我们强调四个清单项目，若能同时实践，必能为老师的严格要求添加些许热情与温暖，并提供经研究印证的学生所需的各种学习支持，帮助他们成长为成功的学习者。

第五章

每堂课我都能抓住学生的兴趣

提高标准，就能提升成绩。在过去的20年中，这一直是美国和国外学校改革努力的一个关键前提。当然，有充分的证据支撑着这一说法。从20世纪60年代来自罗森塔尔的实验，到诸如雷夫·艾斯奎斯、詹姆·爱克兰特等的杰出教育家的观点中，我们不难看出，当我们对学生有更多期望时，他们往往会竭尽全力迎接挑战。

然而，更高的要求并不一定就能带来更好的成绩。例如，一些地区几乎让全部学生（即使是本该进修补习课程的学生也不例外）注册学习AP（大学先修课）课程，但调查发现，仅仅抱有更高的期望并不能转化为学生的成功。华盛顿特区的一所高中安排所有学生修AP课程，令人沮丧的是，合格率仅为2%。佛罗里达的一个大区在三年内将进修AP课程学生人数扩大到了原来的三倍，考试通过率却减少了一半，从46%暴跌至23%。从全国范围来看，越增加AP课程的学生数，学生考试通过率就越低。

尽管一些地区和州成功地提升了AP课程的学生注册量和通过率，但许多地方的实际情况还是令人遗憾，这说明虽然提升要求很重要，但并不足以让学生获得成功。看来，除此以外，我们还需要考虑如何激励学生，以达到更高的要求。

你全错了

事实证明，学生的学习积极性和教学质量一样，对学生成功有着很大的影响。马尔扎诺对与学生成功相关的学生、教师和学校诸多变量的研究发现，在学生的成绩中，学生的兴趣和积极性似乎略胜一筹，占感知变量的14%，而教师对学生表现的影响占变量的13%。

这并不奇怪。学生的学习积极性转化为努力，而后者要比能力对成绩的影响更大。如果用花在作业上的时间多少来衡量努力程度，就会发现能力较低的学生（比如，那些在标准能力测验中得到25%的分数的学生）只花一到三个小时做家庭作业，也能达到与那些不做家庭作业的一般学生（比如，那些得到50%的分数的学生）相当的分数。如图5所示，每周多花两到三个小时做功课的一般学生，和能力强的学生（即那些获得75%

图5 | 努力对学生成绩的影响

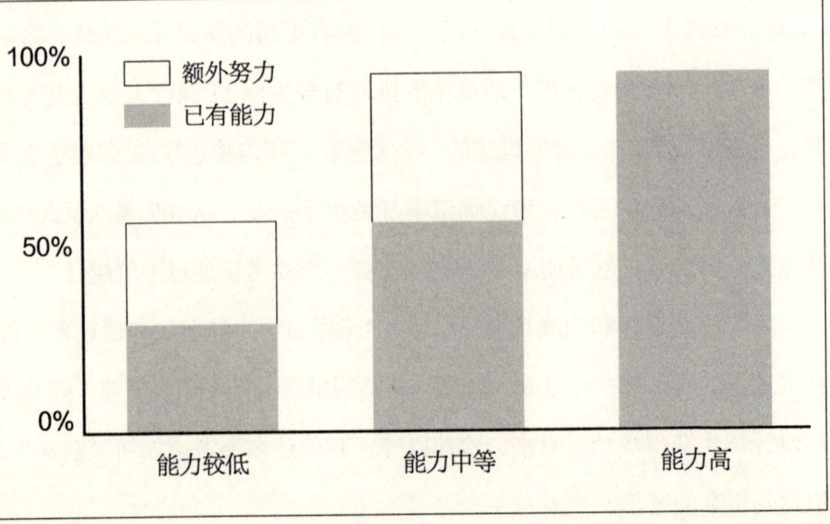

分数及以上的学生）获得同样的成绩。诚然，家庭作业并不能全面衡量努力程度。事实上，正如我们将在后面讨论的，不是所有的家庭作业都是有价值的。若假定学生用于做作业的时间相当于学生有意的练习，而不是简单打发时间，那么从这种意思上说，根据这些数据，每天25分钟的额外努力就可以弥补能力的不足。那么有了这些数据的支持以后，要如何鼓励学生付出额外的努力呢？

实际上，对于学生的积极性，教师的行为经常是大错特错的。有一种常见的激励方法广受行为心理学家和经济学家支持，那就是奖励行为符合要求的学生，当他们阅读书籍或在学校表现很好时，慷慨大方地给他们学习用具或者礼券作为奖励。事实上，少量发放奖励确实可以改变行为，但并非总是像我们希望的那样。经典案例：哈佛大学的经济学家福莱尔提供给四个城市18000名学生共计630万美元，以奖励那些在校出勤、表现良好或成绩有所提高的学生。在纽约，他奖励那些考试成绩优秀的学生，却发现毫无效果。他这样告诉《时代》杂志："一无所获。"

福莱尔推测，奖励之所以没有提高成绩，可能是因为学生没有真正知道如何做才能提高。许多学生希望通过"更仔细地阅读测试题"或"不比谁先交卷"提高他们的成绩，然而"没有人"提出要"认真阅读教科书"、"更努力学习"、"完成家庭作业"或者"向老师询问……有疑惑的问题"。

对于这种以外部激励为基础的方式，批评人士可能给出另一种解释来说明这些小恩小惠为何影响不大：奖励往往会对行为产生短期，但不持久的改变。简单地说，外部奖励的回报在削减。就像药物，其效果在每次使用之后效用减弱，需要越来越大的剂量，以实现同样的效果。此外，最知名的积极性研究专家爱德华·德西曾对128名学生进行了综合分析，发现奖励成绩实际上是在降低内在积极性。回顾以前几经引述的研究成果：年幼的孩子越是因为绘画得到了奖励，他们就越不可能把空闲时间放在绘画上。对孩子施以小恩小惠，让他们去做那些本身就有回报的事情（如读书），会传递这样一个信息：这样的活动其实真的很无趣。

我们错误的激励方式可能导致另外一组令人沮丧的统计结果：学生留在学校的时间越长，就越缺乏内在的积极性。如图6所示，对于学生的纵向研究发现，从9岁开始，学生对于阅读、数学、科学等核心课题的兴趣开始减弱，随着他们在学校的时间越长，这种兴趣在不断减少。这样的数据根本无法佐证我们现在所采用的种种教育方式，而这恰恰暗示着要重新审视我们激励学生的方法。

图6 | 学生的内在动机

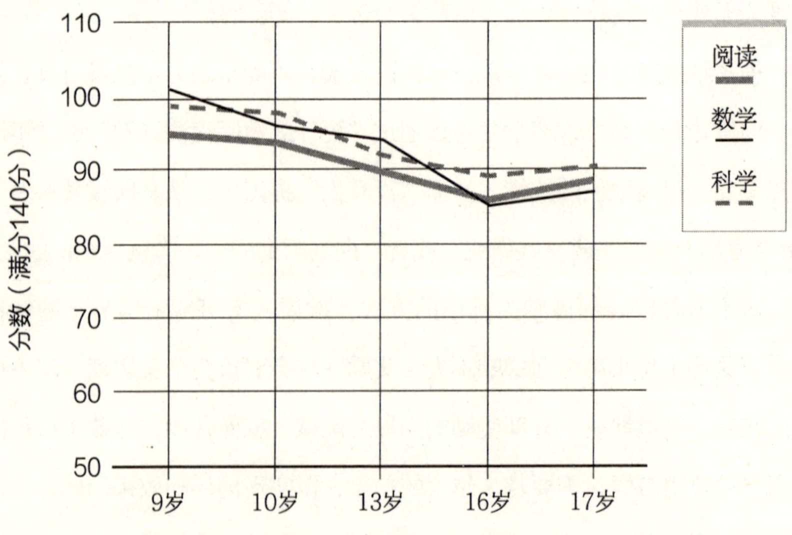

我们或许可以从思考到底是什么让学生觉得索然无味开始，重新审视对学生的激励机制。如今的学生，已经淹没在连篇累牍的娱乐媒体和信息中，更加难以吸引和激发他们的学习兴趣，这已经成为教师的一个共识。此话也许不假，但同样值得一提的是，认知研究者约翰·梅迪纳列出的大脑运转12规则之一即是“我们不关注无聊的事情”。梅迪纳解释说，我们的大脑真的一次只能聚焦到一件事情上，因此我们天生就会处理环境中最重要、最相关以及最新颖的刺激。事实上，我们的祖先由于常常身处险境，这是他们必备的生存技能，例如忽视热带草原上的树木，转而留神树下的狮子。

当学生对枯燥的作业或活动不予理睬的时候，他们只是在遵从大脑的指令。他们过滤掉不感兴趣的内容，将精力集中于更有意思的刺激上，比如从一个同学那里传来一张字条，或者脑子里冒出的更刺激的想法。

一开讲就吸住

好莱坞导演们早就知道，在电影或电视节目开始时的几分钟内，如果没有有趣的事情发生，那么观众就会换频道。同样的原则也适用于课堂。你需要在任何课程开始时的几分钟内抓住学生的兴趣，不仅要预报课程的进展情况和学生将学到的内容——这些曾经被马德琳·亨特被称为“期望设定”——而且要给出一条原因，让学生集中注意力。下面是如何在一节课的开始就吸引学生兴趣的几点建议。

提出一个问题 在一节课的开始引入一个恰当的问题可以激发学生的兴趣和好奇心，让他们集中听清楚将要学习的内容中的重点（而不只是新奇点）。范例如下：

- “这张图片有什么不对吗？”在语法课的开始，你可以为学生提供几个包含了“隐藏”语法错误的句子（例如，“I wish I could of gone to the baseball game on Friday”），并要求他们找出句子中的错误。或者，您可以提供一张写有正确和错误写法的清单，并要求学生识别出哪些是正确的，哪些是错误的。
- “接下来会发生什么？”讲一段虚构或非虚构的故事激发学生的好奇心，并要求学生预测接下来会发生什么。您也可以将这种方法使用在数学课堂上，给学生们一个公式，以此来预测结果（例如，基于这张图片，忽略自然规律，如风力，使用二次公式来预测高尔夫球会降落在哪里）。
- “你怎么看？”学生和我们一样，也容易进入到争论中去。按照有条理的学术争论格式（请参阅下一节），简要介绍一个问题的两个方面（例如，第二次世界大战期间原子弹的使用，气候变化，保护濒危物种等），并要求学生参与到课堂讨论中，讨论他们所支持的观点。

提出挑战　约翰·梅迪纳指出，人类的大脑，天生就是解决难题的。可以通过为学生提供富有挑战性的任务充分利用这种欲望。例如，你可以给出一个特别令人费解的句子或者是一篇内容臃肿的散文，并要求学生以简单直白的语言解释或重写。与此类似，在2012年美国课程发展监督协会（ASCD）的年会视频中，教育家兼作家的哈维·席尔沃提到了自己的一个故事：他曾在黑板上写下一个数学问题，并“警告”五年级学生“不要试着解决这个问题，它会伤害你的大脑”。当然，逆反心理起了作用，学生一整天时间都在试着解决这个具有挑战性的问题。

课堂实践的点滴见解：有调理的学术争论

有条理的学术争论是一种课堂讨论的技法，鼓励学生进行研究，然后互相交换彼此的观点，在包括科学、文学和历史在内的各种学科领域，对有争议的问题进行有见地的辩论。例如，学生可能参与讨论的问题如下：

- ❑ 科学家会参与到基因的克隆中吗？
- ❑《哈克贝利·费恩历险记》是一本关于种族主义的书吗？
- ❑ 美国应该在第二次世界大战期间对日本使用原子武器吗？

在引入争议话题后，教师随机分配三到四个学生为一组以不同的观点进行辩论。每个小组对课题进行研究，并提出三个主要依据支撑他们所分配到的观点。

要求学生仔细聆听反对的观点，做笔记，并重新表述其他小组的观点，以确保对他们正确理解这些观点。经过小组讨论，个人撰写自己的见解，明确所支持的立场。

除了吸引和激励学生，有条理的学术争论可以帮助学生建立知识内容体系，学会用事实表达和支持自己的观点，虚心理解并且讨论出不同的观点。

运用新奇感 神经学家朱迪·威利斯认为惊喜和新奇感作用巨大，能提高学生的领悟力，激起他们的好奇心，鼓励他们密切关注下一步会如何。教师可以使用“改变房间的安排，使用新的公告板，当学生进入房间时播放音乐以及其他可以唤起学生好奇心的活动”，提醒大脑自然刺激过滤功能，即网状激活系统，“去引起他们注意，因为某些事情已经发生了变化并且需要进行进一步评估”。另一种在你课堂上运用新奇感的方式是引入意想不到的道具（比如，一个古老的手工艺品，从电子显微镜中获取的一个图像，或者一种颇具文化或历史意味的服饰），它提供了一个令人惊讶的和引人入胜的方式，在即将到来的话题或主题之前抓住学生的兴趣。

混搭而和谐的课堂

一旦你抓住了学生的兴趣，重要的是要保持优势。这里的挑战是，人类的大脑是令人惊讶并且复杂的，是一个变幻无常的器官。我们的大脑需要情绪激发学习，不幸的是，这种激发往往在相同刺激10分钟左右之后便开始消退。因此，学生（和成人）往往约10分钟后趋向于“走神”，除非某些事情让他们重新集中精神继续完成手头上新的学习任务。梅迪纳认为，“你可以通过给他们讲一些饱含情感的故事，把他们的注意力抓回来”。与此相类似的是，教育家道格拉斯·莱莫夫也描述过使用“霓虹灯”效果，让“课堂氛围活跃”并且保持学生的学习兴趣。他写道，这个效果不应是因为它自身的原因而显得绚烂多彩，而应与学习目标密切相关。例如，它可能是“利用30秒的休息时间做‘行为动词变位’或唱‘长除法歌’或进行一个简短的比赛，看看谁能够在每天学到的单词组成的猜字游戏中做得最好”。另一种保持学生学习兴趣的方法是调整节奏，可以通过“让学生感受到一种进步和变化感”，创建一种“学习进度速度的假象”。这并不意味着在一节课中不断地切换主题；相反，它意味着你应该改变课程的形式，在同一个主题上创建几个10到15分钟的模块，让课程有一种前进的效果，例如，先是课堂导入，接着下达直接指令，然后举例子引导学生，再到独立的实践，最后复习回顾。

提供学习的选择

研究人员早已发现，内在积极性和选择自由之间存在着联系。例如，2008年有人曾对41个研究结果进行了综合分析，发现给予学生多元化的选择与其内在积极性、任务表现、承担挑战性工作的意愿之间有着密切联系。然而，同样的研究也发现，当学生们被赋予了太多的选择时，回报也会削减。事实上，相对于提供3～5个选项，超过五个选项所激发的积极性相对较弱，据此，研究人员得出关于学生选择的结论：过犹不及。

这一发现也得到了验证，两组大学生参与了一个实验，教师要求学生在一个周末写两页的论文作为加分。教师给第一组提供了6种可以选择的论文题目；第二组则给出了30个可供选择的题目。事与愿违的是，选择更少的学生交作业更及时，并且完成得更加出色。艾扬格和莱佩尔的结论是，太多的选择可能导致第二组的学生简单地为他们的论文“选择一个相对满意的题目，以此来终止选择带来的折磨”，留给他们的是对自己选择的不满，以及缺乏出色完成这项作业的动力。总之，给学生太多的选择，或布置相对宽泛和开放的项目任务可能会让他们在是否选择正确的主题上引发焦虑，从而挫伤他们的积极性。这会让学生将全部的精力投入到该做什么的抉择上，而并非真正投入到执行项目上。教师可以给学生选择，但不能太多。

值得一提的是，当允许学生在多个任务之间进行选择时，他们通常不会选择阻力最小的途径。相反，“他们倾向于选择理想难度的任务，这样他们迎接挑战时也会相对得心应手”。此外，当面临多项选择时，学生也会倾向于更加努力地学习。例如，在对美国匹兹堡二年级学生的研究中发现，当给予学生多个学习选择时，比如选哪项作业，什么时候做作业，他们会在相对短的时间内完成比往常更多的学习任务。

引入神秘感

作为一个老师，很容易陷入乔·弗莱迪侦探的惯性模式中，这种“只说事实，女士”的教学方法，以一个直白简单的方式引入教学内容，往往是为了以最快的方式覆盖所有应知内容。然而，当我们干巴巴地告诉学生他们应该掌握哪些内容的时候，我们就夺走了他们探索发现的奇妙感受，毕竟，这正是学习的核心所在。

几年前，亚利桑那州立大学的心理学家罗伯特·西奥迪尼写了一篇文章，题为“什么是引起学生兴趣的最佳秘密武器？提示：答案就藏在标题中”。在书中，他细数自己的努力，从几十篇科普文章中筛选，盼望着能弄明白如何才能使纷繁复杂的内容变得让学生觉得更有意思。他发现，最好的科普作家常常避免使用典型的、让人打瞌睡的开篇，比如“在这篇文章中，我将提出论据来支持我的XYZ理论”，而是提出问题，如“土星环由什么构成？岩石还是冰”，贯穿整篇文章，他们制造了有关这一话题的悬念——列举支持岩石和冰的种种观点——最后在文章的结尾才揭开谜底。

教师可以在他们的课堂上做同样的事情。并非一定要直奔主题并给出答案，而要制造悬念，激发学生天生的好奇心，通过百转千回、层出不穷的有趣情节，引导学生掌握到你想让他们学到的重要知识或者感知的洞察力。无独有偶，最有效的教学策略之一正是提出并验证假设。除了教学的批判性思维，这种策略的一个重要的激励优势（需要顺便提出的是，这个策略不仅可以在理科课堂中使用）即是它为学生制造了一些悬念，让学生试图找到而不是被动等待一个答案。

最近，我们在博客里写了将神秘感引入课堂的内容，收到了很多教师的反馈，他们提出了在课堂上将此加以实践的好方法。以下是几个例子：

- 一个小学老师可能会提出简单的问题，比如“为什么树叶是绿色的？”然后学生猜测原因（他们有效地提出假设），在一节课的时间里揭开树叶为什么是绿色背后的真相。
- 在数学课上，一节关于勾股定理的课上，可以先以如何确定直角三角形斜边长度之谜开启这堂课（使用一个活生生的例子，如土地测量）。通过一系列的测量，学生在引导下去发现引出这一古老公式的方法，解决该问题。
- 一个幼儿园老师可以站在写字板后面（或屏幕的后面），戴上太阳镜，以一个“单词侦探”出现。转换身份（班级英雄）可以帮助学生层层破解新词的含义。
- 一个社会学老师可以创建一个“历史之谜”布告栏，为独立研究项目搭建框架问题。例如，“反政府武装组织（美洲殖民地）如何击败18世纪的全球超级大国”？
- 在外语课上，老师会给学生一张字条，是一位法国朋友（或其他相关国家）写来的，上面有重要信息和关键术语，然后要求全班破解它。

最后的思考：以疑问开启一堂课

营造课堂气氛，吸引学生兴趣需要多花精力来完成，此言不虚。一堂无聊的课确实不用花多少精力就能准备好，但你可能就需要在其他地方多花精力了。你可能最终要面对混乱的课堂和毫无学习兴趣的学生，而这样就必须用新的胡萝卜加大棒的复杂方式让他们完成学习任务。然而，科恩指出，“当老师抱怨学生‘心不在焉’（出现最频繁的现象）的时候，行为主义者迅速采取措施以奖励或其他形式的鼓励让他们重新走上轨道。然而更为合理的应对则是要弄清，任务应该是什么样的？”

你需要问自己，这个任务是否值得完成。科恩指出，“如今，学生在学校被要求完成的大多数事情，说实话，都不值得做”。因此，我们经常以奖励诱导来吸引学生，这样“就轻松避免了我们用严肃的问题来质问自己，即我们为何让学生做这些本来就无聊至极的事情”。

一些教师可能反驳说，生活中不是所有的一切都是有趣的，为什么学校就得标新立异呢？科恩指出，这样的回应不过是在暗示“学校的主要目的不是让孩子对学习充满兴趣，而是让他们适应乏味、令人厌烦的琐事”。“让孩子们适应无聊”应该不是那种你愿意挂在学校大门外，公之于众的消息。相反，教师和学校的目标应该是帮助学生找到学习的快乐。

而快乐学习的关键是帮助学生回答“为什么”这个问题。西蒙·西斯涅克认为，善于鼓舞人心的领袖与其他人的区别在于，他们都善于从回答这个问题开始。例如，马丁·路德·金之所以成为民权运动的领袖，不是因为他在呼吁大家游行或静坐示威时，比别人更能说明做什么和怎么做，而是因为他能给出一个更深层次且令众人信服的原因，即当人为制定的法律与伦理道德准则相冲突，贬低人性的时候，高尚的人必须做出如此行动。

同样的概念也适用于课堂。虽然明确我们想要学生做些什么，以及我们希望他们如何展示自己所学到的知识很重要，但是我们也必须帮助他们理解学习和掌握新的技能重要性所在。归根结底，吸引和激励学生的关键是帮助他们找到自己对于这个问题的答案：我为什么要学这个？

第六章

我注意与每个学生互动

2010年，针对一项对81000个高中生做的年度调查研究结果，《教育周刊》(*Education Week*)的博客上登载了一篇文章，标题颇具讽刺意味："快讯：高中生普遍厌烦学习"。在这项研究中，将近三分之二(65%)的学生表示每天在课堂上感觉到无聊。"以美国的大传统，"记者安东尼·雷博拉写道，"高中生会一直无聊下去。"雷博拉还指出，只有"2%的学生表示，他们从不厌倦在校学习，这甚至让人怀疑他们是不是俄罗斯间谍。(最后一句话是开玩笑。)"

虽然高中生在学校里厌烦学习并非新鲜事(调查报告的作者本身也许也经历过一两次)，但调查结果确实针对学生的思维提出了一些有趣的见解。他们列出两个学生在课堂上感到无聊的最主要原因：课程缺乏趣味(82%)以及和学生个人不相关(41%)。这两个问题都与前一节所讲述的让学习吸引学生有关联。

除了对课程的抱怨，超过三分之一(35%)的学生指出，他们感到厌倦和无聊的一个主要原因是他们与老师的零交流。这意味着超过三分之一的高中生在他们的学校里到处闲逛，在教室内外进进出出，与成年人很少甚至没有任何有意义的互动和交流。这种缺乏成人与学生互动的问题并不局限于高中。另一个对初中和高中学生的全国性调查发现，只有不到一半的学生认为他们“作为学校生活的一员受到了重视”，或者说他们的“老师关心他们的问题和感受”。此外，在对4300位小学生和初中生的研究中发现，只有16%的中学生提到老师对他们有“最理想的”支持——比如，相信“我的老师喜欢我，喜欢倾听我所说的，关心我如何去做”，而39%的受访者表示老师的支持不够。小学生的结果仅仅是稍好一点：34%的受访者表示教师对学生的支持达到了“最理想的”的水平，而22% 的受访者提出老师对学生的支持度较低。在另一项研究中，研究人员观察了全国超过五千所小学的课堂上的师生互动情况，并得出结论：“只有大约25%的课堂上教师与学生互动水平和质量符合小学生技能习得的标准。”

师生互动的重要性

师生互动不仅仅是一个感觉良好的问题。事实上，互动是学生取得学业上成功的关键所在。有人针对119份研究进行了分析，涵盖了超过30万的学生，发现很多老师的特点——包括非指向性，换位思考，带给学生温暖，以及对不同环境适应的能力等，不仅与良好的行为结果和积极性密切相关，也与批判性思维、数学以及语言成绩水平的提高有着紧密关联。

如果学生能与哪怕只是一位老师建立密切的联系，也可以对他/她的成绩产生长期且持久的影响。比如，研究人员发现，有行为问题的年幼儿童如果能与他们的幼儿园教师有积极互动的话，在他随后的学年中更容易表现出行为的改善，取得更好的成绩。

另一项后续研究，旨在明确积极互动的关键是教师还是学生。比如，研究人员找到了910名幼儿园学生，不同的行为、注意力、学习或社交等问题让他们状况堪忧。研究人员比较了学生在不同环境下取得的进步，一组学生的教师给予高水平教学和情感支持（比如理解学生个人的需求并且做出回应，营造积极向上的课堂氛围），另一组问题学生的教师对学生的支持度低。结果是惊人的。仅仅一年后，在教师大力支持下的学生与另一组相比，取得了喜人的成绩，师生关系大为改善。另一组学生，在课堂上得不到教师的支持，不仅成绩低下，而且还与他们的老师发生了冲突。

然而，这项研究最引人注目的一点是，对于处在危机边缘的学生而言，取得成功的关键因素并非教师的教学支持，而是情感支持。研究人员得出结论，对于处于危机边缘的学生，“对于学术发展来说，与具体的教学实践相比，教师重视学生的社交和情感需求可能同样重要，甚至更为重要”。

师生关系在高年级的学生身上同样会产生显著积极的效果。例如，有教师大力支持（比如，教师对学生要求很高，展现出对学生个人的关心）的中学生对在校教育产生浓厚兴趣的可能性会增加到3倍（例如，将更多的努力投入到家庭作业上，在课堂上全神贯注，认真对待学习成绩等）。相反，从老师那里得不到太多情感支持的中学生更有可能会对学校失去兴趣。

所有这些都引出了一个问题：优秀的教师如何有效地培养与学生之间显著积极的互动？难道仅仅靠他们动人的个性和个人魅力吗？不完全是。虽然优秀的老师可能拥有一些相似的性格（例如，关心学生，出色的直觉和洞察力），但研究揭示，他们都有一些直截了当的行为习惯（并且很容易复制），告诉学生他们受到了关注，为学生走向成功提供了情感支撑。

每天与每人互动

显然，如果我们不与学生交流互动，就很难建立与他们的关系。虽然这是显而易见的，但是前文提到的数据业已表明，许多学生缺乏与老师有意义的互动。很少有老师故意忽视学生，然而，如果他们不是有意地接触每一个学生，特别是那些不会要求老师注意的，比较沉闷的学生，或者那些只要不出问题老师就倾向于对他们不闻不问的学生，那么，就很容易造成一整天或者一整节课都未与学生交流的情况。

英国组织了一系列关于学生的访谈和焦点小组，旨在展现出教师培养与学生的积极关系的方式，发现学生清楚地知道忽视他们的教师。对于学生来说，如果教师不与他们进行交流，就是在常常无意中发出一个明确的信息：他们只与自己喜欢的学生交流，这本身就是非常让人失望的。下面是保证教师与每个学生日常互动的一些技巧。

同每一个走进教室的学生打招呼　让学生知道我们在关注他们的最有效的方法之一，就是当他们进入教室的时候，我们对他们致以简单的问候。对于低年级的学生来说，这也许意味着在早晨铃声响起之前来到操场，在学生排队进教室的时候和他们一个个打招呼。对于高年级的学生来说，这可能意味着在课间站在教室的门前，在学生进教室的时候，跟他们打个招呼，说上几句话。值得一提的是，北卡罗莱纳州一所高中的所有教师都同意采用这种方法来应对出勤问题，规范走廊行为，此后他们亲眼见证了学生出勤、行为和参与度大幅上升。

不要只是提出问题，要让学生参与　我们都还记得电影《春天不是读书天》（*Ferris Bueller's Day Off*）里折磨人的课堂场景：面无表情的本·斯坦在他的课堂上无精打采地向学生提着问题，学生们没有反应，斯坦便给出答案，然后继续唠叨地讲课。当然，这是效率低下的课堂提问方式。更直接的方法才更有效，比如被道格·莱莫夫称为“杜绝退出”的方法，通过这种方法教师可以点到课堂上的每一个学生，最后轮回回答错误的学生，让他们有机会重复正确的答案。这种方法应该配合成长型思维的课堂安排（后者会在其他章节予以阐释），这样能帮助学生理解，错误的答案是学习的一个自然组成部分。老师们采用了各种方法来确保他们让全体学生参与。这些方法可以是随机抽取学生名签，也可以是使用移动应用程序。不管是什么工具，建议教师建立某种形式的“安全网”，让他们能调动所有学生。

留出与学生互动的时间 虽然适用于某些情况，但班级教学的劣势之一即是教师很少有机会去深入和每个学生交流。因此，教师需要创造机会与学生进行互动，比如，在独立的工作时间进行交流。事实上，同学们似乎更喜欢这些指导和平日闲聊的机会。在上文提到的采访中，学生们一致表示，他们最喜欢的老师会为“个人问题和一对一的谈话留出足够的时间，会过来看看我是不是理解了某个问题并且为我详细做出解释”。

不要忘记非语言沟通的重要性 通常情况下，一个微笑、一次眨眼、一次击掌，或者口头上的鼓励对学生取得成功有着至关重要的作用。相反，不与学生有眼神交流可能传达这样一个错误的信息——这些学生对老师来说并不重要。

快速熟悉学生的名字 这个虽然看上去非常明显，好像没必要提及，我们却听说过这样的例子，几个中学教师，上了整整一学期的课，还没能记住所有学生的名字。当然，学生会意识到这一点，并会因此感觉受到了委屈。我们建议老师全力以赴（例如，创建学习座位图表），在新学期开学第一周结束前记住所有学生的名字。

我了解我的学生

学生渴望的不仅仅是老师与他们看似敷衍的互动，他们希望自己的老师去了解他们。例如，学生最欣赏的教师的品质是“从他们说的话能看出对我的熟悉和理解”。也正如一个学生说的，“我喜欢的是老师对你在课堂之外做什么感兴趣”。应该注意的是，一些研究表明，教师有一种倾向，他们会与那些同自己有同样种族背景的人有密切联系，和那些在文化背景上和他们相异的学生很难产生共鸣。这一发现的一个含义即，教师可能需要有意识地接触课堂中的所有学生，去了解他们和他们的兴趣所在，增进与他们之间的联系。这里有几个简单的方法，教师可以用来增进与作为独立个体的学生之间的联系，而不仅仅将他们视为学生。

给学生创造机会分享自己的兴趣和才能 写评价、互相批改作业，表演和表达，以及课堂展示，这些简单的方法既便于学生分享他们的兴趣，也能让教师更好地了解学生。教师也可以用新年伊始信息表的形式，让学生分享自己的经历，或者要求学生在周记中分享他们的课外活动。

提供并且关注学生的学习选择 在前面的章节中，我们介绍了学习的选择对于提高学生兴趣的帮助。（例如，阅读作业或项目的选择）学习选择的另外一个优势是，它们提供了一个了解学生兴趣的窗口，帮助教师更好地了解他们。

鼓励学生将个人与课堂材料相联系 鼓励学生将个人与课堂材料相联系不仅仅是要帮助他们更多地参与到学习中去，而且帮助教师了解学生的个人兴趣、经验和愿望。

只要问就好 正如俗话所说，大家最喜欢谈论的话题正是他们自己。学生并没有什么不同，与成人一样，他们通常热衷于谈论他们的生活和兴趣。在“低潮期”或闲聊时，你就可以问问学生喜欢在课外做些什么。

尊重和关心每个学生

当然，如果教师不利用了解到的信息采取行动，那么简单地去了解学生并没有太大的意义。前面提到的那项针对119项研究的元分析发现，教师的两种品质与学生成功联系得最密切，那就是同情和温暖。学生欣赏和尊重教师，更多的时候是因为他们看到了老师“友好的一面”——“如果老师对你好，你有更多的动机去学习”。因此，似乎这句老话是正确的：人们首先在意的是你有多关心他人，然后才会在意你有多渊博。这里有几个教师对他们的学生表示关心的简单方法。

了解学生 哈姆雷和皮安塔发现，与积极的师生关系和学生取得更好成绩相关的一个特征即是教师敏感度，他们将其定义为教师了解学生的“需求，情绪，兴趣和能力”，并以这种意识来塑造自己与学生的互动方式。同时，他们发现，老师的冷漠或情感介入的缺乏与学生成绩呈负相关。这是什么意思？这意味着，重要的是切合“可教学时刻”，并且愿意暂停教学，用课堂时间讨论学生想法中最重要的事情。例如，它可能意味着，“我知道课间休息发生的事挺闹心的，我也会因此心烦。稍后我可以帮你理出头绪。但是现在，试着把你的注意力从这个上面移开，转而专注在别的东西上，好不好？”

倾听 学生喜欢老师“听听我要说些什么……通过询问我们自己的意

见，他们似乎重视我们，正如他们重视自己那样”，事实证明，提出更高层次的问题（例如，比较、分析、解释）有着双重益处，不仅具有鼓励批判性思维，但也表现出教师对他们作为思考者和学习者的尊重。

请学生对你的教学进行反馈　另一种来表达你对学生关心的方法是邀请学生对他们所学的进行反馈。正如一位学生所说：“如果老师询问学生对于手头学习内容的一些观点，以及如何可以做得更好，我会很开心，因为他们在乎你对他们的课是怎么看的。”

对学生进行个性化反馈　对学生表现的反馈可以鼓励或阻止学生的努力和成就。当我们对学生进行个性化反馈的时候，反馈才变得更加有用，这表示我们对每一个学生都很关心，跟进他们的进步，提供个性化的指导。例如，不要简单地告诉学生，“你的作文需要更多的细节”。相反，你要说：“在你上一篇论文中，我们在你所写段落的第一句下了不少功夫，已经有了很大进步。现在，我们重点来提供更多的细节，来呈现（而不只是叙述）你在段首句所提出的观点。”

谈话　学生通常期望与他们的老师随意交谈。例如，他们会说“当你和他们谈论课程以外的事情，以及当他们和你谈话的时候”或者当“老师和我打招呼，问到我在课外的个人兴趣时”，老师最能够与学生发展积极的师生关系。

把个性和热情带进课堂

虽然教师应保持在课堂上的权威地位，不能为了和学生交朋友而太过友好，但是老师友好的性格会使学生感觉更自在、有参与感并渴望学习。这里有几个技巧，有助于把你的个性带进课堂，同时仍然保持客观和权威。

树立教师形象 很多人都写过（我们在这里重述的仅是一部分），教师需要树立一个教师的角色，也就是说，为课堂树立一个不同于在朋友和家人面前所表现的个性。一个课堂角色往往反映出我们基于实际管理教室中学生的需求做出的必要调整。例如，说起话来轻声细语的人可能需要有一套莱莫夫所说的“强势声音”，以维护他或者她在课堂中的地位。同样，某些在课外较保守的人，在成为老师的时候可能需要多一点表演色彩。相反，天生伶牙俐齿和性格外向的教师可能需要在说话时言简意赅，保持冷静，去倾听学生的感受，并从中得到回应。这里的要点是，老师的角色应该包括一些个性在其中。我们的一位导师曾经建议 :“做你自己，但要做个状态良好的自己。”

向学生透露一些自己的事情 当教师“展现自己的个人喜好和兴趣，并表现出他们在教学之外自己的一种生活”的时候，学生会有不错的反应。这并不意味着教师应该对他们的学生反复念叨个人的私事，但这是让自己个性融入课堂角色的好办法。例如，引入自己经历的小故事，揭示一些你的个人生活，同时树立榜样，让学生学着搭建个人与新知识之间的联系。

不要过分严肃 有时，老师可能觉得，鉴于课程内容太多，他们必须时刻保持工作状态。当然，优化教学时间的确是有效课堂教学的一个重要组成部分，这可以避免长时间跑题浪费时间。然而，研究人员发现，课堂里充满了“愉快的交谈，发自内心的笑声和兴奋的惊叹”，普遍有助于更高水平的学习。换句话说，并不是每次从让人昏昏欲睡的课堂上醒来，都要和学习直接挂钩。事实上，在学习大约10分钟以后，我们的大脑通常需要转移注意力或者情绪，以便重新投入到学习中去。学生认为，他们欣赏那种将幽默融入课堂中，并且是“时不时与我们开怀大笑”的老师，这并不奇怪。他们也很欣赏这样的老师，他们“有足够的信心去做一些愚蠢和令人难忘的事情，帮助我们理解”——简而言之，“他们不太把自己当回事”。例如，本书的一位作者仍然能回忆起一个数学教师的戏剧性演示，他在讲台前跳上跳下，以这种方式来提醒学生，当他们看到括号中的公式的时候，这些括号会喊道："先算我！"

树立学习热情的范例　学生也喜欢“开心活泼”的老师。不喜欢教师发出严厉警告，如“这个课程非常重要，它会影响到你未来的生活”。事实上，当老师“似乎对他们的学科领域表现出兴趣和热情”以及“看起来他们很乐于教学”的时候，学生也能体会到。心理学家米哈里·米哈伊和他的同事对208个天才的青少年（比如，被认定为在艺术、音乐、数学、科学、体育有惊人潜质的高中生）进行了深入研究，全天随机跟踪学生在学习中的参与度。在大多数情况下，他们发现，虽然在课堂上，学生努力地集中精神，但他们对正在学的并不感兴趣，部分原因是由于课程内容单调乏味，教师教学敷衍了事，在教学中根本不会去注意解释课程的重点或者调动学生的兴趣。一些教师则是特例，表现尤为突出。据学生说，这些教师树立了他们对于课程激情的范例，展现出数学、艺术以及文学等学科存在的价值，值得成为一种长期、专业的追求，因而点燃了学生对学习的兴趣。总而言之，培养学生对学习热爱，起源于教师对教学的热情。

最后的思考：亮出我们的关心

之所以师生关系如此重要，按照马斯洛的需要层次理论。学生，也正如所有的人，首先需要的是感到安全、接受、内在自我价值的体现——所有这些条件教师都能通过积极的师生互动来创造——然后才能进行自我实现和学习。然而，值得注意的是，虽然师生关系非常重要，但仅仅停留于关系本身并不是万灵药。仅仅关注培养学生，而没有良好的教学也不会提高成绩。反之亦然，只有好的教学，没有良好的师生关系，也会效果平平。最佳方法就是融合了积极的师生关系和优质的教学。

尽管如此，如果我们都想想我们曾经最喜欢的老师，很可能记得，我们对他们钟爱可能与他们实际上教给我们的知识并无太大关系。我们可能甚至不记得任何一节特别的课程或者作业。相反，他们对我们最持久的影响可能是他们让我们感觉到了价值、能力、自信或者对学习的兴趣。这对于教师是一个好消息，因为这意味着每一天，他们可以通过再简单不过的动作和手势，对学生产生一个持久的影响。

第七章

我用反馈激发学生努力

很多家长都会发现，孩子没毅力坚持练钢琴或者做作业这样的活动，反倒乐此不疲地把大把时间花费在攻克吉他英雄或者其他电子游戏上，这是莫大的讽刺。事实上，当普通的美国孩子长到21岁的时候，他（或她）在玩电脑游戏上已经花费上万个小时。事实证明，掌握一门技能所需的时间和玩游戏累积的时间大致相同。

教育技术专家马克·普伦斯基表示，电子游戏成瘾背后的原因之一是游戏持续不断地对表现进行反馈。在游戏的每个阶段，玩家学到了怎么样玩可以通关，怎么样不能，而且必须将这些知识予以应用才可以升级。因此，这里可能并非巧合，研究人员已经发现，释放学生表现最有力的策略之一就是对学生的表现提供实时反馈。

创造对学习的有力影响

中部大陆地区教育实验中心（McREL）的研究人员发现，得到反馈的学生比没有得到反馈的学生在标准能力测试中会多得28%的分数。一份综合了800份教育调查研究元分析结果，显示了类似的效果，这让其他许多常见的实践相形见绌，包括鼓励教师合作和减少班级学生人数。事实上，几百个教育实践中，反馈的效应量排名非常靠前，这促使研究者认为，提高成绩的一个至关重要的因素就是为学生提供“大量的反馈”。

然而，并不是所有的反馈都是积极的反馈。事实上，尽管反馈的整体效应量很大，但在两项重要的元分析所考察的反馈研究当中，有三分之一的反馈研究发现了反馈的负面影响。研究为教师如何应该使用反馈来提高学生的成绩，并避免在课堂上的负面影响提出了若干建议。

反馈结合学习目标

反馈的第一条规则反映了一条简单的规律：如果学生不接受，反馈就不会产生太大的影响。我们从研究中获悉，当学生制定了学习的方向——将提高自己的能力作为学习目标——他们更容易接受反馈，相反，以取得成绩为目标，即为了获得他人好评（或取得一个好成绩）而学习则不容易接受反馈。此外，研究人员很早就注意到，当学生努力实现了自己的学习目标时，他们会表现出更积极的学习态度，更努力，更有毅力，更积极参与学校的学习。

这对教师则意味着，应对学生对反馈无动于衷的方式之一，就是确保学生不仅能理解，而且能努力实现他们的学习目标，苏珊·布鲁克哈特指出，“如果学生不试着实现学习目标，或者不知道目标是什么，或者根本不关心，那么反馈也不会起到作用”。努力实现学习目标有助于培养学生对反馈（批评和认可）的态度，让他们认为反馈对帮助他们实现学习目标是至关重要的。同样，当学生设定学习目标以后，他们收到实现目标进度的反馈就很重要。如果你从来不知道你是否已经实现了目标，那么设定目标还有什么意义呢？这就是评估标准起作用的地方：帮助引导学生了解目标的进展，以及如何进行下一步才能“提升水平”。

以下是教师如何为学生提供反馈，并且将反馈与他们个性化的学习目标联系起来的几个例子：

- “一个为你自己的演讲设定的目标是有一个引人注目的开场白。孤独症的患病率确实是一个令人吃惊的统计数字，但我注意到，当你告诉同学们你的身患自闭症的表妹钢琴弹得很好的时候，同学们对此都很感兴趣。你可以考虑用这个小故事作为你的开场介绍。”
- “我知道，你将学习3和4的乘法表作为这周的学习目标。你已经很好地掌握了3的乘法表，但是4的乘法表看起来对你来说有点难。你在学习3的乘法表时所用到的方法能否运用到学习4的乘法表中呢？我听到你对朋友说过，你注意到3的倍数的模式了。也许4的乘法表有不同的形式呢？”
- “我记得你在今年开始的时候制定的目标是更有条理，完整地记笔记，并能够将它们运用到学习中。到目前为止，你已经尝试了写非正式的大纲，网状结构图，还掌握了康奈尔笔记法。你提到最大的问题是，在我教课的过程中，你没能快速地捕捉到重要信息。我们可以试着打字或发短信，这两项我见你做得非常快。除了写笔记之外，还可以使用音频记录。”

反馈不是命令

人性中的一个简单事实：没有人心甘情愿让人发号施令。即使是巧加粉饰和甜言蜜语地哄着也改变不了这一事实。正如在前面的章节中描述的，爱德华·德西发现，如果反馈给学生的感觉是在强迫他达成老师的愿望，那么即使是积极反馈也会削弱学生的学习积极性（例如，“我很高兴，我的反馈你听进去了”）。但是，如果教师的称赞只客观地传递学生达到预设标准程度的信息（例如，“你的作业质量高于学年水平”），则能够提高学生的表现，对学生的积极性不会产生什么负面影响。

杰弗里·科尼利厄斯怀特对有关师生关系及其对学生参与度和积极性影响的研究进行了元分析，并从中得出了相似的结论。在他所列举的高效教师行为中，位列头名的就是“无指向性”。这并不意味着教师应该让学生胡作非为，或完全听由他们自己指导学习。相反，它与教师如何与学生的互动相关，比如教师提供反馈的方式能让学生认为，这仅仅是信息，不是教师基于自我的价值取向的判断，或试图强迫或劝诱他们改变自己的行为。

当然，很容易将学生成绩不理想看作违背了我们的初衷。如果学生未能完成作业，我们可能想，他们是不是故意的，试图让我们的生活苦不堪言。当然，这是很少见的情况。通常情况下，学生不努力并不是违背教师意志的表现，并不是因为缺乏积极性或者看不出老师要求他们的用意所在。这就是为什么咄咄逼人（“你不准休息”）和负罪感诱导（“把这事做了吧，就算是为了我”）充其量都只是短期的解决办法。从长远来看，这两种方法都不能帮助学生理解我们为什么要求他们做这些事情。事实上，这种策略只会进一步削弱他们的积极性，因为学生很快就看到它的真面目：试图控制他们自己的行为。

归根结底，我们不能强迫学生学任何东西。然而，对于学习我们可以晓之以理，动之以情，让他们对学习充满兴趣，甚至让他们渴望去学。最好是把老师的话语和对学生的反馈中的所有控制性语言全部去掉，转而关注鼓励、激励和引导他们的学习。图7提供了几个例子，说明如何让反馈明确详实，但又不带有控制性。

图7｜非控制性反馈和控制性反馈对比

非控制性反馈	控制性反馈
你这份作业的表现并不突出。我知道你可以做得更好。	我对你的表现感到失望。你应该按照我给你提出的建议去做。
我知道你很努力，在这篇论文中投入了大量的心思。有大学生的水准。	你的论文不错。如果你认真对待大学学业，那么这是你应该达到的水平。
我注意到在你的家庭作业中出现了很多因为粗心所造成的错误。我相信，你下次在交作业之前，只要花费几分钟再仔细检查一下，自己就都能发现。	你的家庭作业中出现了很多因为粗心导致的错误。你需要再仔细检查一下，然后再把作业上交给我。
我觉得你有成为一名优秀学生的潜质，但发挥这种潜质不是我能决定的，要靠你自己。	你最好尽全力，努力完成这个测试。
你特别注意在报告和演示中包括了很多人可能不了解的事实。而且，人们对这一话题通常会有哪些误解，你也成功预见到了。	我对你的报告十分满意！请再接再厉。
你刚才读的“The man shut the gat”，是否合理呢？是不是在单词的结尾应该有一个“e”，这样是否会给你提供另一个暗示？	再看看这个词。我们在这段时间里，一直在学习辅音—元音—辅音—不发音字母e结构的单词。

反馈是为了成长

在教师反馈中另一个关键变量是反馈能在多大程度上帮助学生培养一种斯坦福大学心理学家卡罗尔·德维克（Carol Dweck）所称的“成长型思维模式”。正如前面提到的，通过一系列的实验，德维克和她的同事断定，夸奖学生，告诉学生他们很聪明，这样会对他们的成绩和接受挑战性任务的意愿产生不利的影响。

在实验中，学生被分为两组。第一组的学生一直被别人称赞为有能力。例如，有人告诉他们 :“哇！你有八个都做对了。非常不错。你一定很聪明。”第二组的学生们因为努力受到表扬。例如，表扬他们 :“哇！你有八个都做对了。非常不错。你一定是在这方面下了不少功夫。”在这个实验的开始，学生在能力和积极性上都是“完全相同”的。

但是，在实验的过程中，因为聪明而受表扬的学生，从此便养成了一个思维定式，相信自己的能力是天生的，而不是通过努力培养起来的。因此，他们开始拒绝更具挑战性的任务，担心如果他们尝试失败，那么他人将不再视其为特殊的学生。在因努力而受表扬的学生中，90%不仅愿意接受挑战，而且实际上乐在其中。

许多学生、教师和家长都很少探讨成长与固定型思维。因此，他们甚至没有意识到固定型思维或行为，也没有考虑过固定型与成长型思维的不同。例如，固定型思维方式可能听起来会是这样 :

- “我只是不擅长这个。”
- “我也从来不擅长数学。”
- “她从小到大门门都是A。她很聪明！”

而成长型思维听起来是这样的 :

- “我现在对这个一点也不擅长，但我需要再多练习。”
- “我们可以在家里帮忙做些什么吗？”
- “放学后我能留下找人教教我吗？这道题我真是弄不明白。”

鼓励在教务会议上以及家长会讨论这些观念问题，帮助他们区分各种思维方式。同样重要的是，明确在老师和家长的讲话中“潜台词”，以及学生遭遇挫折时告诫自己的话。有时候，仅仅是了解这两种心态就能让学生更愿意迎接挑战、更乐于接受有益反馈。

此研究对教师的影响是深远的，这意味着教师表扬了学生的能力，而并非他们的努力，因此在不经意间就削弱了学生的学习积极性和成绩。当然，一句“你真聪明！”脱口而出很容易。这就是为什么务必警惕对能力大加溢美之词，并确保所有对学生的评价都会突出他们的努力并将其与他们所取得的成就相关联。

图8将这两个概念放在一起，并从研究中汲取实例，对比教师反馈中的成长和固定思维。

图8丨成长心态与固定心态反馈

成长心态	固定心态
你的做法是初显成效。现在你的数学学习渐入佳境了。	这些题你都做对了！你是一个真正的数学高手。
我知道你正沮丧。每个人的学习方法都会不同。我们会坚持下去，找到最适合你的方法去掌握它。	好吧，这不要紧。不是每个人天生就会这些。我们继续找点你擅长的来做。
绘制三维透视图很困难。我敢说你一定下了不少功夫。	哇。这太美了。你真是一个艺术家！
我知道在这本书中有很多大词，但只要你每页遇到的难词不超过五个，就坚持读完。读书会使你的大脑更强大。	如果读这本书对你来说太难了，那我们应该找一本更简单的书给你看。

具体易行，量身定制

具体的反馈——不仅是简单的表扬或批评，更容易激励和引导学生，而且能帮助学生了解他们如何能提升自己的表现和成绩。作家一开始都经常抱怨同一个问题：编辑在页边随意写了三个字母，意思含混不清——Awk（awkward的缩写），旁边有一些难听的评论。作为新入行的作家，我们不知道词组具体错在哪里也不知道要怎么去改。这种模棱两可的反馈让我们感到沮丧，竭力在句子中硬塞进一些单词，似乎是为了安抚编辑的一时兴起，而不是在帮助我们提高写作水平。总之，我们的写作并没有越来越好，反而越来越差了。

含混不清的反馈可以对学生产生类似的负面影响，导致学生不确定、困惑不解、缺乏学习的动力并最终影响学习。案例分析：对以色列的六年级学生的一项研究发现，为学生提供书面形式的反馈（例如，“你有不少有趣的想法，也许你还能想到更多？”）比给学生打分或者根本没有反馈更能显著提高学生成绩。

这里的关键理念在于，学生应该能够根据老师提供的信息做一些相关的事情。反馈应该指向他们可以发展的特定行为、采取的具体行动或可行的学习方式，这样才能实现自己的学习目标。通常，这意味着教师必须未雨绸缪，组织安排好要讲的单元和课程，以确保有机会给学生提供反馈，而反馈还正是学生用得上的——无论是学生写文章打草稿，规划一项科学项目，或者学习交叉相乘，都能受用。最后，除了具体可行，反馈还需要针对学生个体，为他们提供可以采纳的合理的步骤，而不能超越他们的理解力和学习能力。

下面是几个例子：

- 一个教四年级的老师用Voice Thread（一款流行软件，学生可以通过它上传图片，记录声音）布置家庭作业。学生从一页的问题中选择出一道通分题目，通过交谈解决问题。在看了一个学生的Voice Thread后，老师给出她的反馈：“我注意到你会先看看这个分数是否是能被2约分。这非常适用于解决你当下的问题。然而，当我们开始处理更大的分数时，从判断这个数字能否被2约分开始会是一个非常漫长的过程！你能想到别的方法吗？”

- “我注意到，当同学们都正在读书时，你使用了多种方法来帮助你理解不熟悉的单词。例如，当我们遇到这个词sympathy，我看到你查了iPod字典应用程序。这样你是怎么跟住文本的？你是否愿意与其他同学分享这个方法呢？”
- “你已经在这学期的写作中学会了表达自己的想法，取得了很大的进步！你认为自己最初的挑战是什么？是什么帮助你越来越得心应手地用纸笔抒发感想的呢？”

形成性，而非评价性

格兰特·威金斯（Grant Wiggins）指出，反馈与“建议，表扬和评价”不同。他写道，“基本上，反馈是关于我们如何努力一步步实现目标的信息”。考虑到这一点，总结性反馈事实上往往达不到预期的效果，因为它没有告诉学生如何利用这些信息去实践。举个例子，考虑一下，在之前提到的对以色列六年级学生的研究中最引人注目的发现。研究发现，给书面批语额外附加分数完全抹杀了批语的好处，大概是因为“得到高分的学生不需要读这些批语，而分数较低的学生则不想去读”。

最好的反馈不是一个分数或等级，而应该是指导学生哪里做得好，以及他们应该抓住何种机会自我改进。这就是为什么教师给学生提供的反馈重在包括学生可以利用的信息，可以用来指导和自我纠正他们的学习，而不是在完成任务的过程中，去评价学生的表现。图9提供了一些例子，说明教师是如何使用反馈提供明确的指导意见的。

图9 | 反馈与评价

反馈	评价
那个时候，当你打棒球的时候，你一直低着头，一路看着球飞向本垒。	你需要目不转睛地盯住球，不要东张西望。
你弹得更慢的时候，琶音听起来十分和谐，我能听出力度上真实的变化。	你弹得太快且聒噪，你错过了你琶音中的音符。
你的背景描述，词汇和短语的运用，比如温暖惬意和蚊子的嗡嗡声真的让我有身临其境的感觉。	根据评分标准，关于描写的10分你都拿到了。
我注意到，你错过的10个关于乘法的问题都是6和7的倍数。本周你该好好学学这儿。	在60个题目中，你答对了50个。你需要在单词卡片和乘法表上多花一些时间。
我们没法真的去测试豆芽"需要"还是"喜欢"阳光，因为我们不知道它们的感受。但或许有些东西和光照有关，你可以在实验中自行观察豆芽。	你的假设站不住脚，因为它经不起考验。

适度的即时性

当涉及反馈的即时性时，研究的结果都是一个悖论。一方面，对于大多数教育目的来说，即时反馈似乎是比较可取的。这并不奇怪。如果纠正后的试题或者文章上交数周以后才返回，而此时教学内容早已转向另外一个主题，学生能学到的东西肯定很有限。更具体地说，对于教授难于理解的概念或程序性技能（例如，长除法），学生会受益于实时指导，这样能确保他们正确地学习概念或程序。

然而，也有一些特殊情况，如果反馈太直接，学生可能依赖于教师的答案（或偷看答案），而不去坚持，靠自己的努力解决问题。例如，如果在每一项测试后，就马上给出那道题的正确答案，这样做会削弱学生的表现，因为这影响了他们独立思考解决问题的能力。

尽管如此，研究人员普遍认为，在大多数情况下，反馈还是越及时越好。图10为确定反馈的即时水平提供了指导。

图10 | 根据任务做出及时反馈

学习任务	何时提供反馈	原理
学习一个新的流程	在流程结束后立即提供	实时反馈可以帮助纠正错误观念，但如果在这个过程中每个阶段都进行反馈，也许会影响到一个学生掌握流程顺序的能力。如果要在该阶段添加说明，请仅提供标准，不要“打分”。
测验	测验后立即提供（但不是在做完每道题之后立即给出）	当学习还处在入门阶段的时候需要纠正错误观念，引导学习，这时的学生需要反馈。然而，如果学生觉得这个概念尤其具有挑战性，那么每一道题之后都有反馈就会分散学生的注意力或者打消他的积极性。
独立，批判性思维的任务（创造新知识或应用知识）	定期提供	学生需要有机会独立思考，自我评价，并纠正自己的想法，同时还要接收一些有助成长的反馈。这也是利用同龄人的反馈并辅以指导性内容的好时机（例如，组织两颗星和一个愿望，赞美和改进等活动）。
单元测试或作业	在测试或者作业完成后的几天之内提供	虽然单元测试给出的字母或分数可能削弱形成性反馈的好处，但是单元测试或作业的评估仍然可以纠正错误的观念并以此引导学习。如果反馈过于滞后，学生就不太可能回忆起自己的思维过程，并把这些反馈融入他们的学习中去。

自评和互评的机会

一个建议是让学生参与到反馈过程中。通过学会一系列技能，如自己评估自己的理解并给同学提出建设性的帮助意见，这样能够培养学生终身的学习能力。

学生可能在最初的时候对自评或互评的过程并不适应。为了让他们适应这个过程，教师可以为学生提供可用的建议或范本。下面是一些建议：

- 提供评语主干，如“有一件事的确让我不解：__________”或“有一件事，我理解得很好，我可以教给别人：__________。”
- 提供互评文本，例如“两颗星和一个愿望”或“赞美和改进”，让学生给予一两件事好评，并为改进某些其他的东西提出一个建议或提出一个问题。
- 将自我和同侪反馈栏纳入现有评估准则当中。这些评估本身不应该被用于打分，而应该用作提供形成性反馈的一种方法。
- 当学生正在执行一个任务或项目的时候，可以为他们提供项目清单。

最终，学生逐渐擅于自我评估，才算具备了能力，可以接触网络、在线教程或其他可以为他们学习提供帮助的资源。同时，我们也在培养学生终生技能的经验，即给同伴提供反馈，既不显得咄咄逼人，又能有助发展。

当学生参与相互校订或相互评估时，重要的是为此提供基本规则，以确保学生给出适当的反馈，而且反馈具有建设性，有助于学习。对于课堂展示的反馈，布鲁克哈特（Brookhart）建议，老师首先要确定的是学生熟悉评估的规则或标准，这就可以让他们专注于针对演示文稿最重要的方面进行反馈。

自我评估在最初可能不会那么自然地开始，但有几个原则，可以帮助学生熟悉这一过程。当自我评估得到成功地运用，学生会感受到他们掌握了反馈，而且在今后的学习中也更容易接受别人的反馈。一个建议是让学生以“儿童喜爱”的语言来重写教师评鉴指标。另外一个策略是给老师的：通过修改一篇已由同学点评过的短文来树立反馈的范例，并在他/她批改过程中运用“出声思维法”记录全过程。

最后的思考：利用反馈给课堂“通电”

在对现代学校环境的批判中，马克·普林斯基引用了一个学生的话，他说，他觉得他在学校的时候必须“降档”，以适应较慢的节奏和缺乏吸引力的校园环境，在一天快要结束的时候，他才能重新开足马力，回到更有吸引力和科技的校外生活中去。谈到反馈这个问题，在很多的课堂氛围中，反馈经常延迟，或充其量只能提供一个模糊的指导，与学习目标缺乏关联性，这与让玩家立即得到反馈的电子游戏世界形成了鲜明的对比。事实上，如果他们在游戏中没有接收到及时反馈，而不得不等待一两个星期才能在电子邮件中得到结果，或者如果这个结果对于他们的游戏进程并无太大关系，那么很难想象孩子会拼命地在玩游戏上花费大把时间。

本章强调了另外一个重要观点：要想让反馈达到最佳效果，教师就不能将反馈视为一个外在动力，一种强硬的权威，或者游戏节目的警报声，以此把任性的学习者拖回正轨，而应作为一个补充或内在的激励机制。也就是说，反馈的作用是指导学生发展一个成长的心态，帮助学生积极认识学习过程，让学生不只是被动地接受，而是渴望得到知识，帮助他们实现目标。

老师经常抱怨不知应该如何激发起那些厌学者的学习兴趣，让他们参与到其中。虽然与生物课相比，电子游戏更多在于娱乐价值，但吸取电子游戏中的一些经验，特别是提高时效性、相关性以及提供给学生个性化的反馈，会对给课堂氛围“通电”产生巨大帮助，让课堂更有吸引力，学生也会有更大的收获。

第八章

学生在我的课堂上安全且受到尊重

几年前，克里斯蒂安 · 萨里安因为脚伤进入了圣路易斯医院的急诊室。不为医院的工作人员所知的是，萨里安伪造了他的伤势。他还安放了一个隐藏的摄像头。他的公司艾迪欧（IDEO），受雇于医院的管理层，要帮助医生、护士和其他医务人员真正了解一个病人是怎样被收治住院的。在办理了一番混乱的入院手续以后，萨里安忍受了很长一段时间的等待——对于他究竟在等什么、为什么等几乎没人给出解释。最终，一位工作人员推着轮椅带他走了很长一段路，穿过一个陌生的走廊到了急诊室，萨里安紧张地仰卧着，他的眼睛（和摄像头）对着天花板。后来，在观看了录像以后，医院的工作人员才更深切理解了他们的病人所经历的焦虑、困惑以及治疗的失控。

稍微想象一下，如果一个类似的实验在你的学校进行。摄像机藏在学生背包里，拍到他们从一个教室奔向另一个教室，与其他学生擦肩而过，从他们的储藏柜中拿出书，在教室中就坐，等待着老师的指导，主动在课堂上发言，并与其他学生互相沟通，会如何呢？在学校或者课堂中，你能看到他们接受着何种类型的“关照”？

最近一项对初中和高中学生的调查发现，尽管大多数学生（93%）

认为他们可以在学校获得成功，但只有三分之二（66%）的学生认为他们的学校是气氛良好的，只有约一半（47%）的学生感到他们在学校是受重视的，或者相信他们的老师关心每一个学生（53%）。更少的学生（42%）认为在学校的同学都会支持彼此，45%的学生感到校园暴力是学校中存在的一个问题，实际上只有一半多一点（51%）的学生喜欢上学。

关于你的课堂或者学校，学生会怎么说呢？从他们的角度看，课堂和学校是怎样的？研究表明，它可能和你想象得大相径庭。

创造一个支持性的校园氛围

考虑一个涉及学校环境的重要因素：校园暴力。教育工作者有时很容易产生错觉，认为暴力在他们的学校不算是一个问题，因为他们一般只能看到约4%的校园暴力事件。然而，如果问问学生，就会得到不同的结果。最近一项对40000个高中生的调查显示，50%的学生承认在过去一年内欺负过其他同学，47%说他们曾被其他人“欺负、取笑、嘲弄”，感到非常烦恼。

有证据表明，校园暴力对于受害的学生在情绪和学业上都造成了巨大的影响。一项对2300个中学生的研究发现，受害学生的平均成绩远低于未受欺凌学生的平均成绩，因此多位该领域专家得出结论：“如果要尝试改进教育成果，那么同伴侵害不能忽视。”

但是迄今为止，大多数反暴力方案的结果都令人失望。在最近对44个预防方案的元分析中，只有不到一半的工作是有效的。19个有效方案都有一个共同的特点：方案不仅争取到了辅导员和教务主任的支持，还有教师、家长和学生的支持，因为他们作为旁观者，见证了大约85%的欺凌案件。教师密切关注操场、食堂和走廊的情况，并且通过家长会、家长信和课堂传达一致的信息。所有这一切共同帮助学生认识校园暴力行为，当发生欺凌时，声援和维护受害者，让欺凌成为一个不能为社会所接受的行为。

这里的关键点在于，教师在为学生创造安全、良好的学习环境和氛围过程中起到了关键的作用。当然，作为一名教师，你无法控制在你的教室之外所发生的一切。然而，你至少可以确保学生在你的课堂上处于安全的绿洲，课堂氛围能让学生感觉到受关爱、尊重和鼓励。下面是研究给出的一些实践建议。

明确规则和后果

作为一名教师，重要的是要明确并确保你的学生清楚地知道你对他们行为的期望，不仅包括学生如何与作为教师的你互动交流，尊重你，也包括你期望他们如何彼此互动和尊重。它也可能包括程序的要求，比如到教室后做好学习准备。以下是树立课堂行为预期的一些技巧。

根据积极行为制定规则 我们将在第三部分中讨论，研究表明，最好明确你希望看到的积极行为，而不是仅仅列出“你应该注意”的项目。

不能太复杂 在理想情况下，课堂规则应该是简单而容易记住的。几十年来的认知研究表明，人们只能记住7个（误差在2个左右）因素，你可以利用这一规律。

让学生参与期望值的设定 为了确保学生内化对其行为的要求，应该让学生参与制定基本规则，并且让他们就希望如何与人交往达成一致。

知晓行为后果 最后，重要的是提前明确，如果学生没能达到课堂行为要求，你将如何回应？这种情况一旦发生（当然这不可避免），谁都不想像车灯前的麋鹿般被活活逮到。你会给予警告吗？公开还是单独批评学生？还是拉去见校长？

图11举例说明了根据学生积极行为制定的课堂预期要求。

图11 | 课堂行为规则的范例

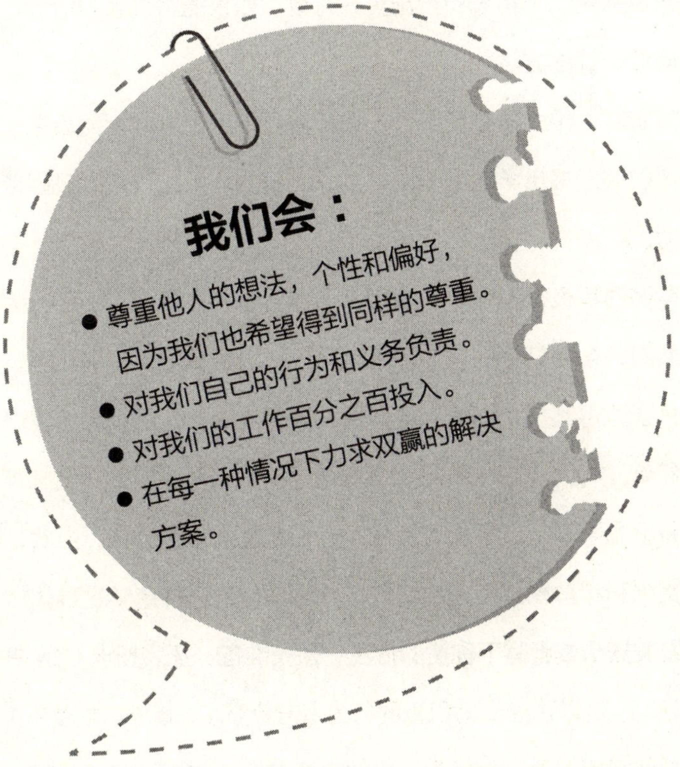

发现积极行为

研究人员发现，教师对学生发展和行为的假设在确定课堂的整体基调中有着至关重要的作用。例如，如果教师认为学生需要加以控制，而不是引导，那么他们就更有可能主要依赖惩罚或强迫性的管教策略。然而，这样的策略可能会在课堂上造成一种从不良行为到惩罚，再到不良行为的恶性循环。

研究表明，更为平衡的方法——胡萝卜加大棒——通常更有效。经过对维持纪律方法的相关研究进行元分析，研究者发现，在减少干扰上，单独运用积极强化比单用惩罚措施更为有效。如果能将二者相结合，则是最有效的降低干扰的方法。

这意味着，学生做错了事情，教师需要给出相应的行为后果，同时教师也需要能够发掘出学生哪里做对了。下面的几条建议可以巩固课堂中的良好行为。

着重强调积极行为 作为教师，很容易陷入大声制止不良行为的怪圈当中。然而，学生们犯错误常常是因为他们想要吸引更多的注意，因此大声喝止只会适得其反，不能起到作用。更有效的方法是，突出表现良好的学生（例如，“我看到一个组已经开始着手完成任务了”或“我可以看到安尼塔开始准备学习了。现在贾里德和麦肯齐也紧随其后”）。当然，老师需要根据文化和年龄敏感度来判断这一方法是否适合特定学生群体。

派发表扬卡或者写下称赞的批注 预先准备一摞表扬卡（“发现你……表现得好”），可以快速奖励积极的行为（例如分享、倾听、帮助等）。当然，务必包括你观察到的具体行为，你的表扬最好能和班级同学共同设定的积极期望相一致。对高年级的学生来说，也可以通过电子邮件进行或写在学生作业书面批注中，这样更为不着痕迹。

为学生提供机会，私下表扬彼此优秀的表现 学生也可以填写优秀表现的卡片和纸条，提供给老师做记录，并传递给其他学生让他们提出更多的意见。这是一个不错的方式，能够让学生参与建立和加强积极的学习氛围。当处于在线学习的环境中时，鼓励学生对有见地的观念或见解给予赞扬。

对典范行为提出公开表扬　说一句“嘿，我刚刚看到今天发生些很好的事情，我想与大家分享”只需要几秒钟。那么，你可以将这种公开称赞的实例作为强化行为期望的一种契机。当然，为了避免搅乱学习，最好等到课间或者每天放学之前，再表扬你所能见到的个人或者学生集体的优秀表现。当然，如果公开称赞会让某个学生尴尬，表扬也可以是匿名的。那些受到表扬的学生仍会明白和理解你是在表扬他/她的行为。需要再次强调的是，一定要注意年龄和文化偏好，因为这会影响到公开称赞，并且要适当地改变你表扬学生的方式。

时刻掌握动态

马尔扎诺（Marzano）发现，42%的扰乱课堂行为可以通过教师“实时掌握课堂状态”（即能够察觉到教室里学生的一举一动，并迅速阻止问题行为的发生）减少。大家可能都有过这样的学生经历，认为某些老师生来背后长着一双“眼”。然而，作为教师，我们大概都明白，在课堂上保持强大的气场事实上是一种习得的行为——是教师经年累月锻炼出来的一系列素质和行为的反映。以下是一些让你“掌控”课堂状态的建议。

组织得当　俗话说，游手好闲，必生恶念。在课堂上，这意味着学生学习的时间越少，他们投入到不该干的事上的时间就越多。因此，至关重要的是，你要限制搜罗课程材料、收发论文以及活动之间过渡转换的时间。道格·莱莫夫（Doug Lemov）在《教无不胜》（*Teach Like a*

Champion）一书中提供了很多实现紧凑的课堂节奏的技巧。以下是几个他着重阐释的内容：

- “紧凑的转换”使学生了解在学习或者活动之间的程序以及时间限度。
- 让学生横向穿过各排，没必要从前走到后，他们不必经常来回穿梭，从而可以减少过程中的一些时间。
- 为学生提供一个结构化的方式来跟踪他们的论文或者作业，作为一个安排任务的范例。

迅速做出反应 顾名思义，破坏性的行为会扰乱我们的课堂进程和秩序。作为教师，我们可能忽略掉不严重的违规行为，因为这样可以使我们的教学正常进行，为什么要因为一个学生的不在状态暂停整个课堂的进程呢？然而，有意或无意地忽视问题行为只发送了一个消息：教师可以容忍这种行为。行为不端的学生可能决定变本加厉，不良行为将愈演愈烈，其他学生观察到教师对这种违规行为的不作为，他们会模仿同样的行为。因此，一定要表明对这种行为的零容忍。下页的例子可以说明，教师在看到问题行为发生时，如何立即以一种关心而周到的方式进行处理。

创建课堂的报道时间 有时候，了解学生状况的唯一方法就是让他们直接告诉你。给定一个时间（比如，大约每周半个小时），让学生偶尔从学习中抽离，关注于他们的社会和情感生活，这段时间就会用得其所。作为一名教师，你可以创建一个积极、安全的空间，让学生谈谈在你听力和视线范围之外，可能发生在操场上、食堂里或者校外的问题（比如，“我们在贯彻彼此尊重原则上表现如何？”）。

四年级教师劳伦·马罗科获得了新泽西州2013年的年度教师称号，她因能够为学生创造安全的学习环境而广受认可。马罗科具体规划了时

将不良行为转化为一种机会

了解学生的动机对帮助他们改正不良行为至关重要。开学的第一天，弗雷迪·哈里斯穿着他的圣路易斯红雀队夹克走进了马文·柯林斯的课堂，故意让柯林斯试着说服他脱掉夹克。

九岁的时候，他曾因打架被学校开除。在这之前，他还曾因在课堂上投掷食物被开除。如果她把他送到校长办公室，则正中他下怀，因为校长曾警告他，如果再多一次违规行为就会把他永久地从学校开除。

“宝贝，”柯林斯轻声说，“不用在课堂上穿那件夹克。把它脱下来，拿出一支铅笔，我们学点东西。”

弗雷迪转过身去，假装不理她，但柯林斯还坚持这么说。她没有将这种固执视为挑战她的权威地位，而是继续关心弗雷迪——大热天穿一件夹克“会把自己热死”，之后还说了一句，“你是一个帅气强壮的男生。我不知道你为什么想要穿这样一件衣服遮盖住你那结实的肌肉。”

弗雷迪的脸上少了些许刚才的紧张，但是当柯林斯试图脱掉他的夹克时，他抓住她的手。

“你这么生气，但我知道你不生我的气，”她低声说，不让旁人听见。“我们所有的人都有好的一半和坏的一半，我知道你也有好的一半。你能帮我找到吗？”

在对柯林斯的话做出一番判断之后，弗雷迪开始解开扣子，试图脱掉夹克。柯林斯将他的头转向自己，对他说，“我答应你，你一定能成功，一定有收获。我不会放弃你。”

柯林斯读出了弗雷迪的身体语言，感受到了他的愤怒，柯林斯将原本可能爆发的冲突转化为与弗雷迪沟通的机遇。这样，她成为真正关注他并且渴望他获得成功的第一位老师。

这个故事引自柯林斯和塔马金的著作（Collins and Tamarkin），1990年版，第17—22页。

间，特别规划了年初的时间，以此帮助学生理解程序和期望，并帮助她本人了解每一个学生。她还利用这段时间开始为期一年的人格专注教育。

她用握手、碰拳、击掌或是一个简单的微笑等方式来和学生打招呼，之后开始晨会，和学生们一起分享生活中发生的、学习以外的趣闻和关注。马罗科说，这能帮助他们在一天剩下的时间里更加专注于学习。晨会分为四个部分：

1. 问候，是要告诉学生如何进行眼神交流并恰当地彼此问好。

2. 分享，即学生有机会分享一些关于自己的事情。这可能是他们一直盼望的，感到不安的或是正在思考的事情。马罗科利用这段时间观察他们所分享的事情，确保学生所说的不会让同学感到不安或恐惧。

3. 小组活动，就是让学生互相交流和协同工作。

4. 留言，是给学生的一份（表格纸的）手写的信件，通常聚焦于学生的品格教育。

最后，马罗科分享了以下几点：

在我的课堂上，学生们按合作学习小组安排座位。每个小组或团队都有一个有品格教育专用名。因为他们越来越了解彼此，越来越熟悉我，我就为他们安排了一系列合作性质的小组活动。这为我提供了一个机会，告诉学生我对小组活动的期望并进行示范，同时让他们彼此相处融洽。把他们安排在低梯度的环境，直到他们感到舒适、安全，有把握，之后再进阶到强化学习阶段。如果学生觉得自己是安全的、有保障的、受到支持的，那么学习自然水到渠成。他们将会向自我提出挑战并且相互支持。

通过让环境和品格教育成为日常工作的一个重点，马罗科女士不仅教授学生希望知道的内容和技巧，还在她的课堂文化中融入了做人的道理。

考虑学生的动机 有效地处理问题行为的一个关键途径即是要了解它为什么会发生。道格拉斯·费舍、南希·弗雷和伊恩·帕姆派恩（Douglas Fisher，Nancy Frey, and Ian Pumpian）指出，人类做任何事情通常只有两个原因：为避免一些东西或者想要得到一些东西。对学生而言，这意味着分散注意力的行为可能只是一个尝试，比如，想要脱离学习或者寻求来自老师或者同学的关注。因此，行为不端的学生寻求的是逃避课堂作业，去校长办公室可能正是他们想要达到的效果。

不要进行人身攻击 在处理不当行为的时候，关键是要对学生的行为进行惩戒或指导，而不是针对学生本人。例如，“你的注意力集中时间短，得做点什么”，对于学生来说，可能只会加强他或者她容易分心的行为，而并非改善这个行为。但是，想象一下，如果我们告诉这名学生，“我看你在今天很难集中精神，但如果你能将你的注意力转向手头的任务，我想你会发现它真的很有趣。”学生会更容易明白，不当行为仅仅是一种可以改变的行为，而不是一成不变的人格特质。

不要将不当行为视为一种针对个人的行为 让我们面对现实：有时候学生确实会刻意诱导教师，看看他们能不能让老师发火或者崩溃。然而，在与问题学生打交道的时候，牢记老式除臭剂的广告宣传口号："永远也别让人看出你在出汗"，会大有裨益。如果我们提醒自己，学生的不良行为往往和我们个人并没有什么关系，那会更容易保持镇定自若。相反，不良行为反映的是其他动机，如抵制权威、推卸责任或寻求关注。此外，作为教师，我们纠正不良行为的目的不是让学生来对我们好，而是要培养能与社会和谐相处的恰当行为，比如待人尊重和友善等。

曾与我们合作的一所学校，当年决定重点解决教职人员与学生的关系问题。在秋季学生来到学校之前，校长沿着一条走廊挂满了纸条，每一张纸条上都附有学生的照片和名字。如果老师或其他人员与某一个学生有个人的往来（例如，他们是邻居，他们是同一支球队的球迷，他们喜欢阅读同一作家的作品），那么他们就在那些纸上签下自己的名字。在活动结束时，教职人员后退一步，看哪些学生的纸上签名很少或者根本没有名字（当然，这些都是在开学前需要清除掉的）。每名教职人员会选择两或三个学生，并尽量与他们建立联系。在当年随后的时间中，教职人员报告说学校气氛比之前更加积极，越来越多的学生参与到学习中，特别是那些之前对此漠不关心的学生也参与了进来。

获取学生的支持

一项开创性行为管理研究发现，儿童从幼儿园开始就有能力在他们的同龄人中对问题行为产生积极的影响。该研究试图确定使用（由教师和学生执行的）代币制，是否可以纠正一组问题学生的行为。在这项研究中，有行为问题的学生如能适当参与到课堂活动中，就会获得代币，并且将其兑换进行户外活动。在实验开始之前，学生在36%到62%观察期当中违反了课堂规则。之后教师实施代币制，观察期的不良行为发生时间跌至12%至23%。当其他学生实施代币制，扰乱课堂率进一步下降，与此同时，观察期仅有1%至11%的时间发生扰乱课堂行为。

这意味着，积极的同侪压力可以对学生的行为产生很大的影响。下面是一些例子，教师可以借鉴，让学生相互鼓励对方的积极行为。

促进同伴认可 给每个学生三个“徽章”，让他们在一周中奖励给其他学生。例如，徽章可以说明在一个课堂讨论中做出了有见地的陈述，愿意在一个项目上付出额外的努力，或纠结于某一概念时对自己的想法坚定不移等（徽章可以用纸来制作也可以通过各种渠道购买）。

认可所取得的成绩 低年级学生在周末可以享受到颁奖的荣誉。奖励都可以记录下来，在一周内集中在一个地方，并在学生周五离校之前交给他们。鼓励学生认可除好朋友以外的其他同学。鼓励他们认识到努力比智商、衣服等更重要。

选取一个不同的视角 有时候，用行动来表现情绪说明学习环境无法满足于学生需求。试着从学生的观点来审视你的课堂。教室里太热吗？本课的重点很难看懂或听懂？学生期望大部分时间坐下来听课，或者是他们在自己的学习中表现得积极活跃？小幅度的改善，如调整温度，有时可以极大提升学生的参与度。

鼓励积极的课堂讨论

课堂管理不仅仅是让学生注意听讲或跟进任务。课堂管理也要创造积极的环境，能让学生感到舒适、安全的学习，并鼓励他们学习。事实上，当学生进入课堂，有两个问题萦绕在他们的脑海，那就是：我可以完成这项任务吗？还有，我会被接受吗？下面是从研究中得出的一些关于你如何鼓励积极课堂讨论的建议。

鼓励学生大胆尝试、勇于提问、不怕答错 研究人员发现，这个问题包括两方面（能力和接受程度），是很多学生努力学习的核心问题。例如，对郊区的非洲裔美国学生的调查发现，在他们的学习生活中，往往对其他同学和老师是否觉得他们没有同龄白人学生聪明有着强烈的担忧。他们变得害怕在课堂上提问题，不愿向老师寻求额外的帮助，因为担心这样做会是低智商的表现或增加负面成见。在许多方面，这种焦虑类似于一种定式思维，从而导致学生不够努力，因为他们担心会显得“不聪明”。针对这种情况，海蒂在详尽的研究回顾中提出，最有效率的教师可以保证所有学生都能在课堂上游刃有余地主动回答问题，并且能够明白，错误不仅是可容忍的，同时也是受欢迎的。事实上，“如果你不犯错误，就一事无成”。

建立小组学习的基本原则 协作学习是最有效的教学策略。不过，它的效果可能有好有坏，对于学生来说，它有可能是正面影响，也可能是一段丢脸的经历。海蒂指出“团队凝聚力”在成绩上有着显著的积极影响——因为学生在彼此合作过程中互相接受，并且乐于参与课堂讨论。

制定正式的合作活动指导方针 正式的协作学习活动——以项目为基础的活动需要花上一堂课甚至更长的时间，应该具备的两个主要组成部分：积极的相互依赖（每个人都必须为项目最后的成功做出应有的贡献）和个人责任（通过一个评估标准、清单或者角色指南来确定）。以上正是这种正式的协作学习活动区别于“理解并回答”或“两个小组成员分享观点”等快速的、非正式的活动的不同之处。

明确建立对非正式协作学习活动的要求以及时间限制 非正式的活动，如结对讨论、左右拍档、数字及拼图游戏，可为学生提供丰富的社会学习经验。为了让学生能有所收获，务必给学生非常简洁、具体的指示，预留特定的时间组织这些活动。鉴于有些老师在接受协作学习上犹豫不决，因为他们担心学生分散注意力，那么在明显的位置放一个计时器有助于保持学生专注于手头的任务。

最后的思考：学生必须感到安全才能投入学习

事实证明，根据马斯洛的理论，学习的重要性远低于人的其他需求。这意味着，为了让学生学习，他们首先必须感到安全而被接受。如果我们决然投身于教学当中，而忽略掉这些人的基本需求，我们的学生会感到不安全或是没有保障，这样他们就不大可能安心学习。研究发现，建立和执行一致的行为规范和纪律要求对于学生成绩有显著的影响。

当然，课堂规则不仅仅包括在校的安全感；它们还对学习予以支持。事实上，区别学校好坏的一个重要属性就在于前者建立并且执行了明确的行为要求。这既包括全校范围，也包括课堂对于可接受行为的规则，毕竟，在校期间，学生的大部分时间是在教室度过的。

对老师来说，很容易迫于提高学生成绩的压力，感觉必须直奔教学主题，而忽略了诸如教室环境等看似与学习无关的问题。然而事实上，如果不首先在课堂上为学生提供应有的关爱，就无法真正地开始教学。

小结

对鼎力支持的最后思考

教育界一直饱受对立观念的困扰：整体语言教学法与自然拼读法、直接教学法与建构主义，数学原理与应用等。我们也可以再加上内在与外在动机。有些人抨击称，行为主义会打压学生的学习热情；而另一些人让我们相信，激发学生的关键在于明确激励与奖励的正确方式。

现实似乎不左不右。在对208个天才少年（这些学生在艺术、音乐、数学、科学、体育等学科有特殊才能）的深入研究中，心理学家米哈里·契克森米哈顿（MihalyCsikszentmihalyi）和他的同事发现，那些能够长期坚持并且培养自己的才能的孩子兼有内在动力和外部激励：内心非常乐于锻炼自己的才能，同时也表现出“认真的目标导向”——希望将他们的兴趣转化为长期的外部奖励，比如成为职业运动员、音乐家或是科学家。

虽然教师支持学生的意义很大程度上与内在积极性关系密切——寻找激发学生兴趣的方式，发展与学生的关系让学生愿意学习，以及为学生提供反馈来推动其成长；然而，正如我们在第一部分指出的，教师也必须严格要求学生——对学生提出更高的要求，设定的标准高于他们为自己设定的目标等，总之要运用外在激励。温和的要求之所以对学生有效，原因之一是能够达到一种平衡，既为学生提供内在动力，也提供外在激励。事实上，要求学生和支持学生似乎是贯穿于如何提升学生成绩这类研究的基本原则。在许多方面，如果没有第三部分，本书将是不完整和不平衡的。因此，它们正是一种教学上的阴阳调和，共同帮助教师和学生获得成功。

THE 12 TOUCHSTONES OF GOOD TEACHING

第3部分

目的明确

BE INTENTIONAL

知道你为什么做，在做什么

对于许多老师来说，知道要在课堂上做些什么相对简单。他们已经在入职培训的课程上了解了一些教学策略的“锦囊妙计”，掌握了协作学习，并且已经与学生一起创建了概念图，而且他们可能轻车熟路地驾驭先行组织者，并要求学生完成KWL表格。然而，只知道做什么还远远不够。教师还需要知道何时以及为什么这样做。

卡罗尔·安·汤姆林森谈到了下面的故事。一个老师让她的学生读一本书，画一个人物，写出另一个结局，并设计一个新的封面。在课程结束后，汤姆林森毕恭毕敬地问这位老师，为什么要按照她的方法来设计这堂课。在一番支支吾吾的解释后，老师突然明白了她自己的问题所在：缺乏明确的课程目的。“噢，我的天呢！”她感叹道：“我以为所有学生应该做的就是阅读这个故事，再根据这个做点什么呢！”

是时候正视这个问题了。作为新教师，作者也很可能犯同样的错误。如果你在我们教学生涯的第一年或者第二年走进了我们的教室，你可能看到我们在做一些“正确”的事情，比如让学生参与协作学习。然而，如果你当时问我们：为什么要在那个特定的时间做那些事，我们的答案似乎会略显稚嫩。我们可能这样说：“我觉得有必要调整一下教学策略”或“因为培训的时候就是这么教的”诸如此类的话，正如我们在这一章所要谈到的，更好的办法是通过交互教学[①]，帮助学生加深学过的知识。

在下面的章节中，我们将着眼于教师对自我实践的反思，不断地问自己为什么他们在课堂上要这样做，并能够为每一个他们所选的教学方法提供研究依据。事实上，这就是我们的三脚凳中的第三条腿，少了它，任何一个老师都不能发挥出自己的全部潜质。除了对学生严格要求以及鼎力相助外，教师也必须在教学中有目的性。

---

① 交互教学（reciprocal teaching）是美国教育心理学家布朗和帕林萨提出的一种旨在改善学生的阅读理解和自我监控技能的教学方法。

第九章

我充分利用了每一分钟

我们可能都见过或者上过一堂慢热的课。在上课打铃之前，学生们都在教室里漫无目的地消磨时间。有的学生在座位上赶着家庭作业。有的学生则重新整理了一下课桌，然后就开始一直聊天。

老师进入教室后开始翻找课程计划安排和材料。越来越多的学生进入教室。一名学生对家庭作业有疑问，向老师咨询。老师一边忙着手头的工作，一边回答着他的问题，并且找到了上课要用的材料。

这时，上课铃声响起。学生们冲进课堂，生怕自己迟到。几秒钟后，另一个学生不紧不慢地走进课堂，根本不在乎自己是否迟到，尤其是当他注意到老师甚至还没发现他走进来。

老师解答了那个学生的问题，走到教室的前面，让正在聊天的学生把课桌放到原位，排列整齐。学生照老师说的做，但要想全班安静下来，还需等挪完课桌。教师利用这段时间在黑板上写下当天的学习内容。

老师又花了几十秒，甚至超过一分钟的时间清点人数。为了让教室保持安静，他中途停顿了好几次，并询问缺席学生的情况。点完名后，他还需要花几秒钟记下缺勤学生的名字，并把名单放在教室门外的夹子下面，然后他重新走进教室并再次让教室安静下来。

教师在重新抓住学生的注意力后，又让他们把家庭作业一一传递到教室的前面。当学生交作业时，沙沙声充满了整个教室。有一些学生一时找不到作业本，拖慢了整个课堂进度。这时，一位学生利用这段延迟的时间问了一个作业中的问题。还有几个学生点头表示自己也遇到了同样的问题。看来有不少学生都做不出作业中的题。然后老师说，他会在课后解答这个问题。如果你看着表，你会发现，整个收作业的过程足足用了90秒。

突然，广播响了。要求两名学生去一下校长办公室。课堂上即刻发出了一阵唏嘘声，接着是全班乱哄哄的议论。

老师又一次让全班安静下来，然后要求学生拿出课本，翻到某一页。几秒钟又飞逝而去了。最后，老师指着黑板上的学习目标，开始了一天的讲课。刚开始步入正题，就已经过去四分钟了。

有人会说，花四分钟来做这些事情很正常，与整个教学安排相比，这算不上什么大不了的事。毕竟只占40分钟课堂的10%，根本微不足道。

但是，在其他领域，四分钟是非常重要的。例如，在医疗保健领域，在紧急救援人员到达之前，四分钟就能决定生命的存亡。在运动领域，比赛的最后四分钟会决定成败。

这些说法同样适用于课堂。学生的成功与否与这短短的四分钟有着直接的联系。让我们算一算，在一个超过180天的学习阶段当中，每节课浪费四分钟，加起来就相当于浪费了12个小时，也就是14堂完整课时。而这只是在课堂开始的时候浪费的时间，还没算上课堂上其他时候浪费的时间，比如课堂上的过渡时间，上交论文，以及其他日常任务。

事实上，许多课堂都把大把的时间浪费在与学习无关的活动上。这些时间如果累积起来可达几周甚至几个月之多。事实上，有研究表明，大量的宝贵时间都在老师的随意处置下浪费掉了。

管理学习最重要的因素——时间

在过去的几十年里，研究人员一直认为，学习时间的长短与学生成功与否的关系最为密切。例如，综合3000份研究材料来看，沃尔伯格发现教学时间与成功有38%的关联性，这是一个不小的数字，要比学生的社会经济地位所占的比重更大。另一项分析学校因素与学生成功关系的研究中，斯赫伦斯和博斯克发现了一个和教学时间几乎同等重要（39%）的因素，即将上课大量时间投入到实际的学习与课堂管理活动中。到目前为止可以看出，这是影响学生成功的最大因素。

在对单个课堂的研究中，研究人员发现，花费在学习上的时间各有不同。此外，学生在学校里有很大一部分时间并未用在学习上。比如，美国国家教育统计中心（The National Center for Education Statistics）对53000多名小学教师的诸多数据进行研究，结果发现，教师平均只将68%的在校时间花在教授核心学习课程上。其余时间都花费在了与学习无关的活动上，如休息、午餐、非重点科目的学习、班级管理活动，或者是所谓的“社会服务”。

教师克劳迪娅·米克将所有班级活动分为两类：理论学习和社会服务。社会服务活动包括“筹款、灾害预防、社交分享、节假日、集会、间歇性中断（铃声、晨间公告等），以及其他各种各样的活动”。她将整个一年的活动时间都记录了下来，结果发现，一年所有课堂中断总时间达到了15695分钟，约为262小时。如果从课堂总时间中减去这些时间，剩下的课堂时间中有30%用于社会服务。接近三分之一的真正教学时间都被许许多多的其他事情所占用。

更糟糕的是，有时即便教师在认真讲课，学生也不一定在全神贯注地听讲。在一项对中学生的研究中，研究者决定让学生在课程学习上平均花费75%的时间（另外25%的课堂时间投入到与学习无关的任务上，如点名和递交论文）。然而，即使在课堂上将更多的时间投入到学习中去，也不能保证学生在用心学习。研究发现，学生专注于学习的平均时间为课程学习时间的81.5%。算下来，学生真正的平均学习时间只有61%左右。

这一统计数字表明，关键并不在于简单地为学生提供更多的学习时间（例如，延长上课的天数或课时）。虽然延长时间会对学习有所帮助，但这只是对浪费时间的一种补偿。也就是说，达到某一程度之后，延长在校时间毫无益处，很可能是因为额外的时间并不能一直被高效利用。正如沃尔伯格所说的那样，时间“虽然与学习关系密切，但也算不上是主要决定因素；和其他的因素一样，时间虽然是一个必不可少的因素，但只靠它来促进学习还远远不够”。换句话说，如果没有将时间合理地加以利用，更长的课时或在学校的时间并不能够算是更多的有效学习时间。

在大量的有关时间和学习的研究基础上，西方教育研究实验室（WestEd）的研究小组确定了四种角度来管理学校和课堂的时间：

1. 分配时间（比如，学生在校总共需要几个小时）

2. 教学时间（比如，在课堂上花费的时间）

3. 参与时间（比如，在实际学习活动中花费的时间）

4. 学习时间（比如，全班同学准备好参加学习的具体时间段）

当他们根据这些时间分类角度来考证研究的时候，他们发现，成绩与分配时间或者教学时间之间毫无联系，参与时间和成绩之间倒是“有一定关系”，而学习时间和成绩之间的关系“最为密切”。一谈到时间，最重要的是有多少时间用于教学，而这些教学时间中又有多少是学生参与学习的时间。

总之，所有这些研究都表明，亨利·福特在提到“很多人正是在别人浪费时间的时候，抓紧努力赶超到前面的”时，他很可能在谈论教育。以下是根据研究给出的一些建议，教师如何充分利用他们与学生在一起的每一分钟。

细致到每一分钟

温斯顿·丘吉尔有句名言：“没有计划，注定失败。”这个道理也同样适用于课堂学习时间。如果教案当中没有考虑到时间因素，特别是每个活动的持续时间，那么那些烦琐的管理项目，不着边际的话题，以及话题之间的缓慢过渡，会占用不少时间，甚至还会挤掉重要的学习活动。相反，当老师仔细规划课堂上每分钟的时候，他们在课堂上则会有更高的敏锐度，实时监控课堂进度。

在一份对30所有高质量学生的学校研究中，国家时间与学习研究中心（National Center on Time & Learning）发现，这些学校有一个共同的特点，就是认真对待时间，细致规划出投入到学术和非学术活动的时间，以及如何合理利用课堂上的时间。譬如在新泽西州纽瓦克的北辰学院中，老师们都有一个统一的备课模板，要求他们考虑到课上的每个细节，每一分钟，规划出在每个学习活动上花费多少时间。在北辰学院，为一堂60分钟的课做出备课计划通常需要写三到四页纸，为的就是确切把握什么即将发生，在什么时候发生。这种致力将学习的每分钟最大化利用的做法，已经让该高中（其中76%的学生有免费或者减价午餐的待遇）的大学录取率达到了100%。

以下是基于学校和课堂真实案例的小建议，能帮助教师更有效地利用时间，提高学生成绩。

从开始到结束 国家时间与学习研究中心的研究发现，一流学校的教师们在设计教案方面格外细心，能有效利用与学生在一起的每一分钟。他们的目标是确保“从上课开始的那一刻起，就带领全班进入学习状态，并使整堂课都有节奏地进行”。他们所采用的方法就是尽量减少或消除花费在日常管理上的所有时间，例如，使用座位图能更有效地查看学生的出勤情况，或在早上一次性全部收齐当天的家庭作业，而不是在一天中按科目逐次收齐。教师有时也用一种不引人注目的方式来收作业，比如，让学生把自己的作业放进集中的收件箱或发送电子版。此外，还有一些教师正在探索多元化学习（面对面教授和在线学习的混合模式）的优点，创建一个线上空间供学生投递作业用。这让老师分散了批改作业的时间，而不用等到班里所有学生都交齐了之后再批改。

将学习纳入到非教学时间 将学习纳入非教学时间是另一种可以让老师将浪费的时间最小化的方法。例如，在北辰学院，所有课堂都以“现在行动”这个活动开始，让学生在走入课堂的那一刻起就进入到学习状态。同时，教师利用这段时间处理班级管理的事务。无独有偶，加利福尼亚州斯托克顿的港口城市精英学院（Aspire Port City Academy）的教师则擅长利用放学之前的时间，在学生收拾好书包，记录好当天留的家庭作业的时候，和他们说说当日的新闻动态。同样，小学教师在一天结束的时候可以带领学生进行趣味小组活动，趁学生收拾东西的时候，复习一下当天学到的重点知识。

解构整块的学习时间　约翰·梅迪纳指出，将高效时间最大化的关键是要认识到，同所有的大脑一样，学生的大脑也需要一定的过程来吸收学到的内容。因此，在像港口城市精英学院这样学校中，教师做课程准备、安排活动时以15分钟为增量。“时间增量短……能确保学生在课上集中精神，保持学习状态。”换句话说，这些按分钟安排好的教案并不是要将所学内容硬塞进一天中的每分钟当中；相反，它们让学生有时间吸收学到的知识，有时间与老师和同学们相互交流。

我们承认，一些教育工作者可能不会赞同这种备课想法。或许他们会说，试图预测一天里每分钟会发生什么事是过渡计划，只会徒劳无功；毕竟没有人能够如此料事如神，准确预测到课堂上将发生的事情。有时候，适合教学的时间会出人意料地增加，或者学生在学习时会遇到未曾预料到的困难。因此，在时间上吹毛求疵只会让教师和学生两败俱伤。

然而关键在于，老师并不需要死板僵硬地上课，眼睛始终盯着时钟看，将学生的学习需要抛之脑后。一流学校的老师们并没有这么做。相反，他们会不断用数据来评估学生的学习，一旦他们发现学生需要更多的时间来掌握内容，就会相应调整学生的学习计划，增加上课时间，组织小组学习，或者进行一对一辅导。

流程减少时间损失

另一种更好利用时间的方法是建立课堂教学规则和程序，最大限度地减少在与学习无关的活动上时间的损耗。例如，在港口城市精英学院 中，虽然82%的学生来自贫困家庭，但其中有67%的学生在语言艺术科目上取得了骄人的成绩，84%的学生在数学上显现出了过人的天赋（分别高于周边地区的学校33%和40%）。“学生进入教室后，会主动拿出自己的家庭作业，并开始解答黑板上的一组问题，所有这一切都不需要老师的亲自指导。”在精英学校或其他类似的学校，教师和学生制定一系列的规则，统一了分发论文的要求，分组方法，出入教室的规范，如何问题，以及如何在学习和活动之间过渡。这些规则时常借用了道格·莱莫夫在《教无不胜》（*Teach Like a Champion*）中所强调的一些类似的程序。如果教师能有效地使用一些方法建立同样的标准，那么学生在上课开始就能做好学习的准备。例如，学生能很快地进入到学习状态，不用老师发话，就能自己打开笔记本电脑，并登录到课程的维基百科。在开学时花费几天的时间学学如何使用这种方法，从长远来看能为这一年节约不少学习时间。

与上级共同努力

最后，重要的是要认识到，课堂上与学习无关的活动所耗费的时间，通常会受到来自课堂之外的决定的影响，往往不受教师的控制。正如米克从对课堂的记录中发现，很多“外部责任的压力”都来自学校的统一活动，这占用了她将近三分之一的教学时间，例如，要求学生参加所有的学校集会，组织基金筹款活动，协助安置有特殊需要的学生，收集节日晚会捐款，统计哪些学生愿意参加比萨派对。作者还特别注意到了学校专业发展会议上的分心现象。有无数次，她不得不停止发言，等待别人讲话结束后，重新把小组成员的注意力拉回到几分钟之前她所说的内容上。如果成人学习者都能因这些干扰而分心，更何况学生们呢。

所有这些都表明，作为一名教师，优化学习时间是不能靠你一己之力就能做到的。经过教师们的共同努力，提出了以下几种提高教学和学习时间的方法。

进行一次时间审核　学校可以做的第一件事情就是确定如何安排全校时间。例如，学校不妨先从这些问题入手：一天当中在学校有多少时间，这些时间中有多少是真正用于教学的，在这些教学时间中又有多少是学生学习的时间。教师可以使用这样一个方法，比如国家时间与学习研究中心所提到的课堂时间使用方法，来评估他们花了多少时间在课程开始和结束的惯例上，又有多少时间花在了过渡、意外中断、课程引入、教师导向型教学，以及学生主导练习上。这样就可以了解在课堂上有多少时间是真正用于学习的。这些数据也可以融入具体教学中去。比如，学校领导可以大概从总体教学数据中分析评估，在课堂开始的十分钟，中间十分钟，以及下课前的十分钟是否都为学习做出了优化。收集这些信息也有助于总结出教学时间的大致走向（例如，在星期五的下午，学生的注意力往往不太集中）。

减少时间的浪费　在许多中学，把课间休息的三到五分钟累积加在一起，每天有30分钟甚至更长的时间被白白浪费掉。美国波士顿的优秀精英特许学校（Excel Academy Charter School）已经扭转了这一趋势。在课间的时候，让学生保持在原地不动，教师带着自己的东西转换教室。另外，学生应该在书包里备齐上课要用的物品，只在指定的时候返回到储物柜取东西，不要每个课间都在储藏柜和教室间来回奔走。只是这一个方法，就让这所给72%的学生提供减免午餐的中学，有95%和91%的学生分别在语言艺术、数学学科上达到或者超过全州的评估标准。

块状时间表　少数时间跨度较长的课堂（例如，四堂80—90分钟的课），不仅减少了学生转换教室的时间，也帮助学生加深对知识的理解。

然而，块状时间表仅仅是教师最大化扩充学习时间的有效办法。事实上，研究人员发现，块状时间表能达到的结果多种多样。要想高效地使用块状时间表，教师就要不断变化教学策略，抓住与学生进行交流的时间（例如，不要在整个90分钟内毫无变化）。如果做得好，块状时间表可以减少非专业学习活动所浪费的时间，提升学校安全指数，并且提高学生的成绩。当然，适应使用块状时间表需要全校上下的共同努力，单靠老师们自己是完成不了的。我们在这里提到这些内容的目的是让大家知道，教师在教学时使用了较长的块状时间，很容易不自觉地产生自我满足感。然而，现实的情况却是，块状时间表仍然需要老师慎重利用课堂时间。

为不同的活动创造不同的条件 应该提到的重点是伯格曼和萨姆斯在他们的书中探讨了翻转课堂学习模式。也就是说，学生不用再等待老师的填鸭式教学，来满足各自的学习需求，而是主动学习。相比之下，传统的课堂只能满足“中间地带”学习者的需求。如果教师能将各种活动进行分化，将那些在学习上有着不同速度或者不同方法的学生区分对待，就能够减少不必要的分心时间，这比一视同仁的方法要好得多。这样一来，那些想拔高的学生可以进一步提高自己，需要老师和同学帮助和鼓励的同学也有充足的时间参加适合自己的活动。

最后的思考：有意利用时间

几年前，在一个名为Monster.com的求职网站上贴出了一则广告。广告内容是孩子们在谈论各自对未来的憧憬。他们这样说道，“当我长大了，我要成为工作狂”，“我要对上司唯命是从”和“我想我会怀才不遇”。在结束的时候，该广告提出了一个简单的问题，“你想要成为什么样的人？”

当然，这里传递的信息是，有时我们会发现自己正在做着从未打算过的事情。当这种情况发生时，我们就需要打破常规，去做一些不同的事情。

应该没有一个老师会对着镜子中的自己说："今天我打算在我的课堂上与学生讨论20分钟与教学内容无关的《暮光之城》。"或"我要确保我们今天只花大约15分钟的时间在高效的学习上"。然而，这些事情确实每天都在上演，原因并不是他们计划如此，而恰恰是因为他们没有做好计划。

亨利·戴维·梭罗曾经写道："我虽然无法延长我的生命，但我会努力使它变得更美好。"最终，这一章的重点是帮助教师思考，如何努力更高效地利用与学生在一起的有限时间。许多教师认为，要做到这一点，规划好每一节课的每一分钟是很有必要的，就算没有其他理由，也要养成珍惜时间的好习惯，特别是师生共处的时光，尤为珍贵。

在前面的章节中，我们讨论了建立师生关系，培养思维模式，以及培养学生的好奇心和热爱学习的重要性。当然，所有这些活动都需要一定的时间才能做到。本章所强调的内容并不是让教师只关注学生的学习，疯狂地与时间赛跑。相反，他们更应关注的是如何安排时间。并不是要每天的每分钟都向学生灌输知识，而是要留出一段时间让他们吸收消化知识，培养成熟的思维模式，设定个人学习目标，与老师和同学沟通，并参与所有本书中讨论的其他重要的事情。

然而，要想在相对较短的相处时间里完成这些任务，教师必须有意识地分配课堂时间。我们需要安排好每一分钟，并对自己说，"这堂课我要这样安排，因为……"换句话说，作为教师，我们应该对镜子中的自己自信地说："今天我要充分利用和学生在一起的每一分钟，帮助他们学习。"

第十章

我帮助学生深刻掌握知识

大多数家长有时会意识到，自己在辅导孩子家庭作业方面已经力不从心，因为他们基本上已经回忆不起来过去的知识了，充其量只能想起模糊的片段。起初，他们可能停下来想一会儿，希望知识像一块水下的软木塞能够重新浮出水面：“好，我知道我会证明这两个三角形是全等的，但我要先看看你是怎么做的。”最终，他们不得不承认，作业中的大部分内容他们都忘得一干二净了。

几乎人人都会意识到，自己已经将学校里学到的知识又还给了老师，从以下这些自学书籍就能看出来：《我忘记了我在学校时所学过的一切：一门帮助你找回校园时光的进修课程》(*I've Forgotten Everything I Learned in School: A Refresher Course to Help You Reclaim Your Education*)以及肯尼斯·戴维斯所著的《关于这些，我一无所知》(*Don't Know Much About*)系列丛书。甚至有一个电视节目叫“你比五年级小学生聪明吗？”(Are Your Smarter Than a Fifth Grader?)，该节目是让大人回答小学课教科书上的问题，这些问题基本上都是他们曾经学过的。

对教育工作者来说，这些书和真人秀提出了一个发人深思的问题：我们今天教给学生们的那些知识，能有多少在两周、两年，或者是二十年之后还能被学生记得？研究发现，在几周、几个月，甚至几年之后再对学生进行同样的内容测试，他们基本上会忘记一半以上“学过的”知识。这当然是个坏消息，但往好的一面想，他们至少还记住了一半（有时更多）。

更重要的是，学生记得的内容和记得的原因可以指导我们摸索到更好的教学方法。正如我们将在接下来的两章中讨论的那样，有些知识能被记住的原因有很多，包括教师传授知识的方法、加深学生对新知识的理解，并为学生提供扩展和应用新学知识的机会。

遵循培养理解力的秘诀

我们要知道，学习的目标不仅仅是记住知识或者在忘记的时候还能想起它们，因为这些都是“浅层知识”，即是对知识孤立、简单化的理解，并没有将它们结合在一起（我能记起著名战役的具体日期，却不知道这个国家在该战役中取胜的原因）。学习的真正目标应该是掌握深层知识或真正的理解知识，也就是说，能够将诸多概念相互关联，并能识别出每个观点的特性，还能做到活学活用。事实上，深层知识才是保持记忆的关键所在。相比那些名字，学生更容易记起概念性的知识，在脑海里保留时间较长的也是高层次的思维技能，而不仅仅是那些事实。

在以前发表的刊物中，我们在中部大陆地区教育实验中心的同事已经确定了课堂实践中“做什么才有好的授课效果”。然而，在这些刊物中也提到过，这些实践方法并不是万能的。通常情况下，一种实践方法在一种情况下有效，在另一种情况下就未必有效。优秀的教师往往知道其中的差别。除了这些以外，他们还知道这些知识会以何种方式、在什么时候，以及为什么起作用。他们也深知教学的真正目的是帮助学生培养他们的深层知识。事实上，这就是目的的实质所在：了解我们所做事情的原因，还有我们在课堂上所做的一切的最终目的。

在第三章中，基于之前的努力，我们找到了帮助读者理解这些实践原理的教学方法，即当学生开始培养深层知识和长期记忆的时候，要首先解决他们的基本需要。虽然研究不能为培养深层知识提供一步步精确的步骤，但它却可以帮助我们找到一些有帮助的重要因素。像脑部研究专家埃里克·詹森所说的那样，在帮助学生加深理解和认识方面，“我们只知道其中的成分，但还不是完整的处方”。其中的主要成分包括，通过培养学生学习兴趣的方式产生“情感激活”，通过把不同信息条理化来帮助学生“抓住概念”，将新知识与“旧知识”相联系。

在詹森工作的基础、中部大陆地区教育实验中心的研究以及其他研究的基础上，我们已经确定了六个学习知识要素，将它们呈现在这里希望有助于记忆：

- **好奇心** 我们在讨论学生参与性问题时也提到过，学生最终会学习自己想学的内容，我们不能强迫地将新知识灌入他们的脑中。幸好人类天生就是好奇的生物，一生下来就喜欢不断探索周边的环境。因此，学习的一个重要前提是要想办法激发学生天生的好奇心，培养他们的学习兴趣和学习动机。
- **关联性** 新的知识不会凭空窜入我们的脑海中。相反，我们应把新旧知识联系起来，并从具体的知识中建构起抽象的概念。事实上，这个联系新旧知识的过程可能就是学习的核心。教师在教学过程中，应当先帮助学生回忆以前学过的知识，再找找新旧知识之间有什么联系。

- **连贯性** 我们的大脑就像电路板一样，能够把知识梳理清晰，将其条理化。根据一种理论，梦可能就是我们大脑超时工作的结果。在睡觉的时候，大脑会梳理我们白天所受到的身体上的刺激。然而，学生往往需要在教师的帮助下，整合并理解知识。如果学生不能很好地将新旧知识联系起来，就会影响他们对新知识的记忆。因此，教师需要明确指出其中的关联性、属性，以及学生所学内容的重要性。
- **专心致志** 认知心理学家丹尼尔·威廉汉姆曾说过，“学生能记得住的是那些他们思考过的知识”。为了吸收并理解所学的新知识，学生必须花时间思考教师讲的内容。这其中不仅需要教师的明确指导，还需要一定的时间去消化新的知识，有时可以是自己一个人，有时是与老师或同学们。如果我们不给学生提供消化时间和相应的指导，他们可能变得不知所措或沮丧不安，从而溜号走神，分心去思考其他的事情了。
- **辅导指教** 众所周知，在学习过程中，遇到困难和犯错是避免不了的。当学习过程性知识[①]时，学生需要不断地练习，才能掌握新的技能。当学习陈述性知识[②]的时候，学生需要从他们的记忆中检索信息。如果单靠学生自己，他们有时会有不正确的理解或者错误的想法。因此，在这个过程中需要老师的悉心指导和反馈，也就是辅导指教。

---

① 过程性知识（procedural knowledge）是指在特定条件下使用的一系列操作步骤或算法的知识。

② 陈述性知识（declarative knowledge），也叫“描述性知识”。它是指个人具有有意识地提取线索，能直接加以回忆和陈述的知识。

- **语境** 最终，如果新学的知识得不到扩展或应用的话，那么这些知识往往会被逐渐遗忘。相反，研究表明，当学生有机会反复运用新知识，甚至在不同的场合应用它们，或是找到用武之地，那这些新知识则更容易转化为长期记忆。简而言之，老师需要帮助学生找到方法，在不同的场合反复应用新知识，这样才算是一个完整的学习周期。

我们相信，这六个要素提供了坚实的教学基础和明确的教学目的，在教学实践中，教师要有意识地在课堂上使用一个指导理论或基本原则。

读者可能注意到，我们已经在激发学生兴趣和动机的章节中，解决了第一个好奇心的问题。因此，我们在这里不会赘言，只是重申一下这样做的重要性。可以肯定的是，人们可以看到这些做法是“目的明确”的一个必要的组成部分；当然，目的明确的教师会采用各种教学方法来激发学生的兴趣，如线索、问题和先行组织者。然而，我们之所以将这些讨论放在上一部分中的原因有两个。首先，我们认为这些做法在平衡内在动机与高期望值方面非常重要。其次，它们反映了教师的一个重要倾向，即当教师在备课和授课的时候，他们要观照的是“这些内容是否立足于学生”。

在本章中，我们要深入探讨的是另外三个必不可少的学习要素：关联性、专心致志以及连贯性。当教师教授学生新知识的时候，这三个要素在其中发挥了重要的作用，并能相互补充。下一章将侧重于辅导指教，包括建议教师不断地检查学生对知识的理解，并相应地调整自己的教学实践。最后一章将详细介绍最后一个要素——语境，强调教师要帮助学生扩展应用所学知识，特别是要在真实环境中融会贯通地运用它们。

关联新旧知识

随着科学的进步，科学家们发现，我们的大脑并不像井然有序的文件柜那样系统地存储信息，供日后查询使用。相反，它们是一张张杂乱不堪、错综复杂的网络，储存着我们的记忆、想法和相关的事务。这就很容易解释为什么我们回忆起来的总是不完整的句子，虽然看起来很像正确的，却总是不是这儿错，就是那儿错。因此，学习的核心就是关联新旧知识的过程。有时新知识能够补充或强化我们的旧知识，有时二者却会相互冲突、相互矛盾，这就需要我们调整自己的知识框架。无论通过哪种方式，我们必须将新旧知识相连接。如果不这样做，新知识得不到运用，不久就会被遗忘。

2012年11月报道的在科学领域的一条爆炸性新闻说明了这一点：

如今，贝克曼研究所的教员加布里埃尔·波佩斯库和王茹研究小组开发出一种新方法，优化了通过荧光显微镜来研究细胞等标记结构技术，使其提供前所未有的更大空间和更精准的时间分辨率。

尽管这是科学界的重要新闻，但除非你对“荧光显微镜”、“标记结构”或“时空分辨率”这些词十分熟悉，否则你的大脑可能不知道如何处理这些新信息，从而会将其归为与环境有关的垃圾信息，最后从记忆中删除。

同样的道理也适用于学生。如果学生无法找到能与新知识“连接”的任何旧知识，那么他们会在消化知识时显得特别吃力。此外，詹森建议教师“永远不要想当然地认为，自己知道的东西，学生也知道”。虽然你能一眼就看出新的课程或单元和以前的某一课有着密切的关联，或很轻易地发现具体事实是如何支持宏观概念的，但学生很可能做不到你这样。因此，教师要将这些知识之间的关联性讲清楚。

以下是一些常用的小点子。大部分来自《有效课堂》(*Classroom Instruction That Works*) 第二版。

给出提示 教师要给出提示，明确指出学生将要学到的内容，并将他们的注意力集中到他们有所了解的一个话题上。例如，教师可以在一节物理课开始时说："今天，我们将要学惯性的概念，惯性现象就是物体保持原来运动状态的一种现象，也就是静止的物体保持静止，运动的物体继续保持运动。"老师的提示应给出当天教学的主题，并提供相应的背景知识。但不必明确指出学习目标。

提出关联性问题 正确的问题能够帮助学生关联新旧知识。继续我们物理课的例子，老师可能以这句话作为课程的开场白："你们在坐汽车时，如果司机紧急刹车，车上的人和东西会怎样？"

提供先行组织者 先行组织者可以激活背景知识，连接现有的和新的知识，并让学生参与到新的话题之中。很多人不由自主地认为图形组织器是唯一一种先行组织者。然而，先行组织者也可以帮助我们给学生提供一些材料(说明文)，讲一个故事(叙事文)，或提供一个文本的概况。例如，物理老师可为学生提供新关键术语的图形组织，让他们在有关力和运动话题上展开探讨与互动。通过这种方式，他将详解的先行组织者与图形组织器相结合，帮助学生在这个话题上集中注意力，激活背景知识，并组织新的词汇和概念。

找到知识的连贯性

20世纪80年代，电视情景喜剧《欢乐酒店》(*Cheers*) 中有一个名叫克里夫·柯莱文的邮递员。他总是能在招呼酒吧顾客的同时，记住一些琐碎的“鲜为人知的事实”（虽然有时也会记错），比如，“如果把普通鲸鱼的内脏铺平，足足能铺三英里”，“牛是被美索不达米亚人驯化的”，以及“鞣革是从青铜时代开始普遍使用的”。尽管包括学生在内的大多数人不会像克里夫·柯莱文那样能记这么多无关紧要的琐事。我们更容易记住的是概念和主题，而非细节。

令人欣慰的是，我们的大脑能把信息整合成特定的模式和概念。而坏消息是，如果没有教师指导，学生很容易在信息整合的过程中出错。为了说明这一点，这里有几个日常生活中的错误观念，摘自纽约科学教师网站（www.newyorkscienceteacher.com）：

- 生物体越强大就会拥有更多的能量。
- 太阳会在夜间消失。
- 当血液失去氧分，就会变成蓝色。

正因为学生更容易产生误解，认知心理学家丹尼尔·威廉汉姆提醒教师“在对待发现式学习时要谨慎”。虽然学生主动自学（通过研究项目、独立阅读、实验以及其他活动）的效果往往会更好，但这并不是说要“完全放手不管”。威廉汉姆以此劝诫，如果教师没有给学生指明方向，“学生们将分不清哪些是正确的‘知识’，哪些是不正确的知识”。

为了帮助学生将事实融入宏观的概念当中，教师需要围绕着所谓的大思路或中心思想构建起学习的框架，如健康饮食，为什么珍珠港事件最终给日本带来了灾难性的影响，或者不同的公式可以帮助我们计算不同物体的体积和尺寸。埃里克·詹森曾指出，虽然老师们总喜欢从小观点出发，逐步构建出宏观概念，但是学生的大脑似乎更适合相反的方法，即“先整体，后局部”。詹森建议，先告诉学生莎士比亚戏剧的主题更有助于学生理解细节。这样让学生接触到“整体”，可以帮助他们“更好地掌握各个部分”。

然而，仅教给学生宏观的概念是远远不够的。在学术中，细节是至关重要的（例如，各种肌肉的名字，数学公式，或语法规则）。这样做是为了帮助学生记住新知识的时候，既能看见“森林”，也能看到“树木”。以下是一些相关技巧。

先行组织者 如前文所述，它能激发学生参与到新的学习当中，普及背景知识，并为新内容提供一个宏观的概念。浏览一个即将学到的章节或者复习一个单元的整体框架可以迅速达到这个目的。

以非语言表述去教授知识 小学教师经常利用各种非语言表述方法，帮助学生理解概念或评估学生对知识的理解程度。然而，这些活动应该推广到各个年级中去。在许多情况下，学生总是记不住具体的概念和日期，但图像或图形可以帮助他们迅速抓住知识的宏观整体情况。信息图表就是一个很好的例子。例如，试着回想一下所有你能记起的关于美国南北战争的知识点。然后请登录www. elibrosen.com/civilwar，寻找相关信息图表。请注意，这些概念和数据是如何通过非语言的方式，帮助你把握知识脉络的，如何将易忘的零碎知识点串联起来的。

提示与问题 如前所述，这不仅有助于联系背景知识，还能让学生在学习具体概念和细节之前，把握知识的整体思路。

集中在深层含义上

1969年，托马斯·海德和詹姆斯·詹金斯进行了一项经典实验。他们让大学生听24个单词，要求一部分参与者将这些单词按照感情色彩分成开心和不开心两类；要求另一部分参与者数出这些词所包含字母的数量，或者记住每一个带字母e的单词。随后，研究人员要求学生复述那些单词。结果，第一组能够平均回忆起16.3个单词，而第二组学生平均只能回想起9.4个单词。

实验所用的单词列表包括高度关联的词语（如医生、护士）。研究人员发现，在回忆这些词的时候，第一组学生通过词语上的关联性可以记住67.5%的单词（尽管在列表中这些单词没有挨着放），而第二组学生只能在回忆的时候想起26.3%的单词。

所有这一切都表明，当我们遇到新的知识时，我们自己所能想到的通常与那些已经储存在记忆中的信息有很大关联。威廉汉姆指出，“在记忆中，有一个因素至关重要：当你遇到新知识的时候，你所联想到的内容很重要”。对于教师来说，其中的道理很简单：我们必须要求学生集中精力思考知识的深层含义。否则，学生在理解上更容易误入歧途。

以下是学习新知识时，引导学生正确思考的几条小策略。

预判学生的思考 有时候，教师在设计课程时会聪明反被聪明误，反而让学生抓不到真正的重点。威廉汉姆举了这样一个例子，在讲地下铁道[①]这一单元的时候，教师却组织学生制作饼干。这堂课的意义本是让他们了解黑奴为自由而战的血泪史，但学生花费大部分时间考虑如何称量并混合配料，和主题一点儿都不沾边。结果，一堂课下来，学生记住的就只是与饼干制作有关的知识。其他类似的学习活动，如海报拼贴或制作古代

① 地下铁道（Underground Railroad），美国内战以前，帮助南方黑奴逃往北方（或加拿大）的地下秘密组织。

文化的立体模型，都会本末倒置，让学生把大量的时间花费在思考哪本杂志上能够找到照片，或者如何制作一个纸板金字塔并让它立在一个鞋盒上。因此，教师在这里有两个任务：一是要明确学习目的；二是要评估你设计的课程是否能促使学生思考正确的深层次知识（还是他们会在其中获得其他别的知识）。

向学生提问，引导他们思考 同样，这听起来很简单，但我们经常看到老师问学生一些低层次的问题，如“朱丽叶的家人都叫什么名字”，而不是问一些有助于发展批判性思维的问题，如“蒙泰古与凯普莱特的家族仇恨以何种方式反映了人类普遍经验”。

考查学生对知识的深入理解程度 虽然我们已经讨论过设计激发批判性思维测验的重要性，这里还需再次强调。如果只测试学生低层次的死记硬背和认知，那么所有的学生都可能答高分。威廉汉姆建议教师出一套三十道题的测验，考查学生的批判性思维和对深层知识的掌握程度，并告诉学生，期末考试将从这里抽五道题。只要这三十道题涵盖了所有重要的知识点，并能测试出学生对材料掌握的程度，那么让学生只掌握这些问题也是有益无害的，特别是当它们能帮助学生将精力集中在深层问题上的时候。

最后的思考：让学习充满意义

此项标准的一个重点正好可用一句老话来解释，这句话我们都从教练那里听过：“不要老是设想，设想让你和我都变成了蠢驴。”没错，这句话听起来荒谬可笑，其中还带着些许庸俗的意味，但其中的道理是对的。同样，在培养学生对深层次知识的理解上也是如此。由于学生自己很难看到新旧知识间的联系，很容易产生误解，白白浪费了许多精力，到头来还是无法掌握正确的宏观概念。

培养学生理解力的关键是要尽可能明确地与学生交流，让学生了解到应当掌握哪些深层次知识，仔细斟酌当下的理解，避免误解，确保所有的学习机会都能帮助学生掌握深层次的知识。当教师成功地在课堂上做到了这些，学生就会变得更加爱学习，也记得住那些重点知识。

2008年，佐治亚州的教育厅长凯西·考克斯参加了电视脱口秀《你比五年级小学生聪明吗？》节目。当时，如果她能正确地回答“谁是英国在位时间最长的最高统治者”，就能为慈善事业赢得100万美元。在她仔细思考答案时，可以看出考克斯缺乏一种克里夫·柯莱文所说的“对生僻知识的掌握”的能力。当然，她能想起几个英国国王的名字，包括亨利八世、伊丽莎白一世以及维多利亚，但她仍不知道哪个是正确答案。然而，她却能想起一些学过的英国历史的重要概念，包括英国繁荣时期被称为维多利亚时代。“整个时代以她的名字命名，‘维多利亚女王’一定是正确答案。”她这样推理道。经过一个漫长的停顿，主持人宣布她的答案是正确的。于是，她成为这个节目中第一个百万美元的赢家。

事实证明，即使是在精心设计的电视问答游戏节目中，对深层次和概念性知识的记忆在我们的脑海中停留的时间也会更长久，远远长于那些表面知识。因此，如果我们希望学生学到知识并且记住知识，那么我们需要关注的不仅是向学生教授新的知识，更重要的是，要帮助他们将所学内容融会贯通于宏观概念和更深层次的知识体系中。

第十一章

我培训学生成为大师

乔良、弗兰克·卡罗尔、桃乐西·迪蕾，你可能对这些名字感到很陌生。他们中没有一个人在各自的领域成为精英，但是他们有一个共同点：他们的学生分别在体操、花样滑冰和小提琴演奏界登峰造极。

虽然乔良在中国还算是一位小有名气的体操运动员，但他从未参加过奥运会。直到他的学生肖恩·约翰逊和加布丽尔·道格拉斯分别摘得2008年和2012年的奥运会金牌的时候，他才有机会参加奥运会。作为一名初级选手，卡罗尔在自己的国家获得了不少奖牌，但从来没有达到国际水准。然而，他带的运动员却参加了十次冬奥会，包括琳达·弗拉狄安娜、关颖珊，以及获得2010年冬奥会金牌的埃文·莱萨塞克。专业小提琴家桃乐西·迪蕾，虽然职业生涯很短暂，但她却能教出世界一流的小提琴家，包括伊扎克·帕尔曼、美岛绿和娜嘉·萨尔诺·索诺柏格。

显而易见，这三个人都称得上出色的教师，他们拥有卓越的才能把学生培养成了各自领域的精英。尽管鞍马、勾手两周跳、小提琴独奏帕格尼尼24首随想曲之间并没有什么共同点，但这三位老师都能够因材施教，正确评估学生的水平，准确制定他们的学习目标。娜嘉·萨尔诺·索诺柏格在提到她的小提琴老师时这样说道："我想，桃乐西·迪蕾的伟大之处就在于，她能在短时间内制定出符合学生性格和思考方式的学习方法，并能提出提升其表现的最好方式。”

向世界最好的精英学习

K. 安德斯·埃里克森将其毕生的精力都投入到对各领域精英的研究上，包括花样滑冰运动员、外科医生、国际象棋大师、电脑程序员和音乐家等。他得出的结论是“业余爱好者和精英之间最重要的区别仅仅在于老师和教练的不同”。精英们的老师能够“准确找到最大提升空间之处”。

相比之下，非精英们没有抓住提升能力的机会，或者他们的教练没有帮助他们做到这点。研究人员发现，颇有竞争力的花样滑冰选手之所以还未达到精英级别的原因是，他们将大多数时间用于练习已掌握的联合跳跃上，而不是在还没掌握的动作上下功夫，而后者往往才是亟须提高的。

从最基本的层面来看，精英们的教练过人之处其实很简单：他们首先观察学生，找出需要改进的地方，然后集中训练需要提高的技能，并根据需要反复指导，确保学生掌握新的技巧。斯科特·汉密尔顿这样谈起他的教练卡罗尔：“他喜欢看到学生取得进步。他喜欢循循善诱的教导，给出建设性的意见，为学生提供技术指导，而这一切都是为了让学生达到最高水平。”

最后也是最重要的一点，这些教练对学生的表现全权负责，也就是说，他们将学生的表现作为自己教学能力的一种体现。乔良在接受《时代》杂志采访时说道：“我对加布丽尔·道格拉斯说过，如果你照我说的去做，做得好，是你的功劳，如果你失败了，都是我的错，所以你不必担心。”

我们认为，这个过程适用于所有老师和学生，还有那些非顶尖的人物。

事实上，所有的学生身边都应有这样一位老师，注重观察学生的表现，了解学生需要提高的地方，指导学生实践，帮助他们改进，最终为学生的成功负责。在本章中，我们会将这个过程分解来看，证明该方法不仅适用于在健身房和练习室，在课堂上也同样适用。

时刻检测理解程度

如果我们没有清楚地了解学生的困惑所在，就难以提高学生的成绩。当然，在课堂上学习与体操、花样滑冰或小提琴独奏稍有不同，因为学生所学到的内容往往存在于无形的思维世界中。这意味着教师必须从学生那里不断获取信息，才能准确评估他们学习的进度。简单地说，他们应该频繁检查学生的理解程度。

这里讨论的正是形成性评估，着重检查的并不是在学习之后的几周或者几个月之内的理解程度，而是在几分钟、几个小时或者几天之后的理解程度。在过去四十年的时间里，一份对4000多个样本进行的研究分析发现，一旦这些方法被教师正确地使用，指导教学，那么形成性评估和对理解程度的检查可以对学生的学习起到事半功倍的效果。以下是充分检查学生理解程度的一些技巧。

提出引起思考的问题 提出正确的问题是教师常用的最有效的策略之一，然而不是所有的问题都对学习有帮助。据道格拉斯·费舍和南希·弗雷观察，所有典型的“猜猜老师正在想些什么”的问题，只是要求简单的记忆和识别，并没有对学生起到任何帮助，因为这些问题的要求过低。更有意义的问题是那些能够激发学生批判性思考的问题。芭芭拉·劳里·桑德是桃乐西·迪蕾之前的一个学生，她发现，与其他说教式的小提琴导师相比，

“迪蕾会问一些诸如‘你对某些乐句有怎样的理解，哪一个乐句是整个乐曲的高潮’，等等。我们还会针对一些问题进行有趣的讨论，比如‘为什么你会认为它应该这样弹奏？’以及‘你怎么看’”。

提前规划问题　道格拉斯·费舍和南希·弗雷指出，提出正确的问题，通常需要做一些深谋远虑的提前规划。当然，一些精彩提问很可能在教学时浮现在你的脑海，但教师应事先了解学生应该达到的知识深度和理解水平，并选择相应的问题，帮助学生实现学习目标。

让学生们享有平等的话语权　如果课堂上大部分时间都是老师在说话，那么很难辨别学生是否已经掌握了老师所教的内容。施莫克敦促教师应在课堂上与学生多交流互动，也就是说，在学生开始学习知识，与教师或者其他人互动之前，教师的讲话不应超过五分钟。做到这一点的方法之一就是复述。让学生用自己的话概括出阅读的内容或学到的知识，也可通过演讲、视频或其他媒体方式来呈现。

运用最受欢迎的高效方法　一些有效的方法能让教师快速对全班进行摸底测验，了解学生的理解水平。例如，如果学生完全理解了一个新概念，您可以要求他们举起一根手指；如果他们希望多了解一些相关的问题，可以让他们举起两根手指；如果他们想让老师换种方法来解释这个问题的话，让他们举起三根手指。这种方法需要师生间建立起非常开放式的关系，激发学生的积极性，老师也能对他们的理解度有直观的了解。以下是几种最受欢迎的高效方法。

借助家庭作业、写作任务和小测验来检查学生的理解力　家庭作业、写作任务和小测验都为老师提供了宝贵窗口来了解学生的学习情况。这意味着教师应该做的不仅仅是在成绩上给学生打分和做出简单的记录，他们

简单实用的小方法：提高学生在课堂上的反应

以下是一些用于检查学生的理解的方法。

- **互动和交流**：让学生与自己的同伴展开合作，总结他们刚刚学到的内容，说出对某一话题的想法。在全班汇报环节，要求学生总结一下同伴的观点。
- **小白板**：学生快速在小白板上计算问题，写下答案，或判断已有答案的对错，然后举起。教师环顾整个教室，就能够快速评估学生对知识的理解。在拥有1：1设备的教室，这个过程也可用各种免费绘图的应用程序来完成。
- **学生应答系统**：这种技术曾需要昂贵的硬件和软件支持，教师才能迅速得到学生理解力的相关数据。然而，现在免费或低价的应用程序，如Socrative®，eClicker®，Quiz Your Lizard®, Pick Me!®, Poll Everywhere®，以及Lino®都能让老师快速了解学生是否很好地掌握和理解了材料。
- **配对活动**：制作一组写着问题和答案的卡片。让全班分成若干小组来配对卡片。当被提问到的时候，该组的所有学生必须都能够解释出这样匹配的原因。这种方式可以培养学生的表达能力、合作能力。

- **竖起大拇指**：学生自我评估他们的理解力，竖起大拇指表示“我理解了”，大拇指倒向一边表示“我明白了一部分”，或大拇指向下意味着“你能不能再说明一下呢”。
- Exit Ticket[①]：学生可以写下或以其他方式告诉老师他们对知识的理解，或者在老师提示之下给出的答案。然后，教师可以根据这些反馈设计下一阶段的课程或者差异化的活动。

① Exit Ticket是一个学生反馈系统，可以立即评估学生表现的意见，满足老师个性化指导的需要。

还应该以此来检查自己的教学。例如，如果有一半的学生都没有正确理解同一道题，就可能需要重新再教一次这个问题。短文写作需要学生对他们的学习进行反思，这同样能帮助教师了解学生的观点和思维方式。

有针对性的练习机会

K. 安德斯·埃里克森和他的同事们观察到，与大多数人的看法不同：“并不是所有练习都能让你进步。你需要的是有针对性的练习，即刻意练习，这需要大量的、具体的、持续的训练，去练习那些做得并不是很好甚至做得很糟的地方。”值得一提的是，最近美国中部地区教育与学习研究所对教学的综合分析研究发现，家庭作业对学习的影响很小（占13%），但针对性的练习对教学有着很显著的影响（事实上是前者的四倍之多）（占42%）。

这并不是说教师不应该留家庭作业，而是他们应该留一些有针对性的作业。如果课堂或家庭作业只是要求学生不断地重复已经掌握的内容，那么学生很难因此而提高成绩，只是在做无用功。但是，如果分配给他们的作业或任务能够让学生练习新的技能，尤其是那些他们尚未掌握的技能，那么这样就可以起到提高学习成绩的效果。

要记得，练习可能是最有效的指导实践的方式。如果教师放任不管，那么学生很可能在实践练习时使用不正确的方法，养成不良习惯或者理解有偏差。这就是为什么教师在可能的情况下，需要将实践和正确的反馈相结合，确保学生不仅能练习到正确的技能，还能让他们把力气用在刀刃上，达到事半功倍的效果。

以下一些小技巧，指导教师如何布置刻意练习的作业。

明确实践目的　对教师来说，重要的是要从作业中判断出学生还需要掌握哪些知识或者提高哪些技能。例如，老师会说："你在练习阶段所要达到的目的是，能够在一分钟之内准确无误地背出所有这里的乘法。"

告诉学生如何刻意练习　学生往往不知道刻意练习和盲目实践之间的差异。你可以给他们讲讲，花样滑冰精英运动员是如何着重锻炼自己还没有掌握的技能的。教师可借助单词记忆卡帮助学生了解，这些运动员如何应用相同的原理达到目的。在用卡片学习的时候，教师要扔掉那些学生已经掌握的重复的知识，把重点放在不会的知识点上。每练习一遍，卡片的数量会大幅度锐减。这样一来，学习变得更有针对性，练习也变得越来越少，而学到的东西则越来越多。

为知识检索提供多种机会　有研究表明，最有效率的学习方法之一是让自己去检索信息。研究者为此进行了一项实验：他们要求第一组学生读四遍相同的文章，不做练习；第二组读三遍文章，读完做一篇写作练习来回顾文章内容；第三组只阅读一遍，但之后会做三篇练习。结果发现，第三组学生的表现是第一组学生的四倍。总之，检索信息在巩固学习方面更有优势。教师可以通过各种方式，包括课堂讨论、协作学习（如互动式教学）以及各种小测验为学生提供这些机会。

仔细观察学生练习的过程　很难想象，一个花样滑冰教练不在溜冰场看学生训练，或者小提琴教师不去听学生拉琴。然而，这种事情在教学过程中屡见不鲜。学生独自刻苦学习时，在作业上遇到困难却无法及时询问老师，反过来，教师也不了解学生对知识的掌握情况。事实上，观察学生学习是检查他们理解力的最佳途径之一。当学生做多项加减法的时候，他们知道如何变形吗？当学生在阅读法国大革命相关材料的时候，他们真的知道什么是资产阶级吗？因此，为了达到教学效果，越来越多的教师打算“翻转”课堂。他们利用各种技术手段让学生在家上网络课，这样做练习的时候，教师就可以将大量的宝贵课堂时间花在了解并观察学生上了。

提供实践的反馈　如果没有老师的反馈，作业就失去了意义，根本不能帮助学生提高他们的成绩。虽然人人都明白这个道理，但我们仍然能看到，在许多课堂上，作业先由学生批改，然后把分数交给老师，登记在成绩册中，最后学生得不到任何反馈。那么，这个练习的目的是什么呢？如果没有老师的反馈，实践对学生来说毫无意义，因为他们不知道下次应该怎么做，或者他们应把什么作为学习的重点。

必要时重新来过

当然，检查学生的理解程度的主要目的在于了解学生遇到的困难在哪里。这样我们可以相应地做一些及时的调整，比如，给他们多多练习的机会。我们可以将这种做法看作一种再教学。爱因斯坦曾说过这样一句名言："疯子就是反复做着相同的事情，却期望有一天会出现不同的结果。"

换句话说，再教学并不是让老师教同样的内容（不是以更慢的速度大声讲授）。相反，它通常需要尝试不同的教学策略和方法。研究表明，再教学中最佳的方法就是将学生分成小组，给他们明确的指导，然后在教师面前做练习，教师给出及时反馈。虽然这种方法主要是针对年轻读者，但这其中的分小组、互动、指导、练习、反馈等概念可以应用到几乎任何学科领域，适用于任何年龄段。

再教学还需要教师学习新的教学策略。通常情况下，即使是考虑最周全的老师也会陷入到一种惯性中去，尤其是他们发现这些方法在大多数（尽管不是全部）学生那里效果不错的时候。

然而，并非每个方法都能适应于所有学生。因此，作为一名教师，你必须不断地拓展教学策略，并愿意尝试新的方法，因为在你面前的是各种类型的学生，而不是一个特定的学生或者一组学生。

顺便要提到，精英老师应该做的就是不断升级和更新自己的教学策略，以及对学生学习的"如果—那么"反馈战。这种专业技能是学科教学知识的核心，也是教学效果权威衡量指标之一。事实上，教师如果拥有较高水平的学科教学知识，对教学内容理解透彻，并且深谙相应的教学方法，其所达到的教学效果相当于学生额外再学习一年的效果。

以下是一些简单实用的小方法，可以扩展教学内容和"如果—那么"教学方法。

观察他人 学习新策略的最简单的方法之一就是观察其他教师的课堂，尤其是专家教师的课堂。事实证明，即使是精英人物，也会经常借鉴其他人的方法，博采众长。例如，本杰明·富兰克林曾阅读过许多名家名作，向他们学习，并不断打磨自己的写作技巧。作为一名教师，你可以多听听同事的课，从中学到新的技巧、窍门，甚至是全新的教学方法。

询问同事的意见和想法 很多老师总是自以为自己可以找到完美的解决方案，来满足学生的各种需要。这样做往往是错误的。很可能你的同事们在某些时候也遇到了同样的问题，甚至已经找到一个好的解决方案。因此，你没有必要再做重复的工作。

自己动手做研究 最后，你可能会尝试新的策略和方法，跟踪记录你的实验结果。有没有一个押韵游戏能让学生更快地掌握音素？弗瑞尔模型真的能帮助学生更有效地学习单词吗？如果你在教授两个班同样的课程，可采用不同的方法将这两个班做一个比较。使用图解语句能帮助A班更快地掌握语法概念吗？是不是可以提供选择性的阅读作业，让更多B班的学生积极参与？

失败是师生双方的

普通教师可以很容易地给一堆令人失望的论文或考试卷子评分，然后发出感叹，“喔。孩子们真的考砸了”，然后私下里（或公开的）疑惑他们怎么会学成这样。然而，优秀的老师和教练会将学生的失败看作自己的教学失败（特别是当很多学生都没有掌握同一个知识的时候）。

有些老师可能说，“嗯，我这些年一直在教相同的课程。所以这不是我的错，而是学生的错”。然而，这话听起来其实是有问题的。对于初学者来说，不论多优秀的课程都有改善的余地。如果一个老师不在改进课程上花费心思，那这样的老师究竟能给课堂带来多少能量？有时候，教师明明可以做到更好，却没有意识到这一点。

当然，很有可能在十年或更长时间之后，学生对莎士比亚或越南的引用已经有了改变，因此教师需要做出相应调整，做到与时俱进。此外，这也需要低年级教师加紧步伐，因为目前的这一批学生与以前的学生相比，有着不同的（可能更少的）知识背景。不管出于何种原因，优秀教师会将这些变化看作工作的兴趣点和动力所在，他们很乐意去改变教学方法，适应不同的学生。

这里有几个方法，告诉教师如何对学生的学习负责，不断地反思自己的教学方法，与时俱进，满足学生不断变化的需求。

像检查自己的错误一样去检查学生的错误 教师很容易过于专注给卷子或测试题打分，从而没有把时间花在找出学生犯错率较高的问题上。其实，检查错误不一定是一项可怕的科学或耗时的工作。只需要几分钟的时间来翻阅一叠卷子，就可以找出大部分学生反复做错的测试题，这就说明你的教学方法可能需要改进。

记日志 坚持写日志可以帮助你记录很多有用的想法，以免忘记。此外，因为写作来源于思考，停下来记录一些观察到的行为能帮助你成为一个考虑周到并有责任感的老师。史蒂芬·约翰逊在《灵感从哪儿来》（*Where Good Ideas Come From*）中写道，著名的科学家和哲学家们会把观察到的内容记录下来，然后反复翻看自己的笔记，才能在思维中形成大致的概况和模式。坚持在日志中记录你的成功和挑战可以帮助你认识到学生的学习趋势和模式。

录下你的课堂 教师很少有机会以学生的视角去看他们的课堂，所以你可以把整个教学过程录制下来，就算只有几分钟也可能帮助你产生新的想法，让你看到自己的优势所在，以及需要改进的地方。

请别人来观察你的课堂　邀请你的同事观察你的课堂无疑需要一定的勇气，但这种方法对你来说将受益匪浅。如果你已经意识到自己需要改进（比如课堂过渡、课堂管理、课堂提问），但又不知从何下手的话，请同事过来指点指点的确是一种不错的方法。

寻找到一个教练　我们在本章开始时就提到过，即使是顶级的精英也需要教练（事实上，这似乎是他们成功的关键）。无论你是第一年从教，还是已经有了长达20年的教学经验，既然加布丽尔·道格拉斯和伊扎克·帕尔曼都可以从教练那里受益，你为什么不能呢？

最后的思考：是教师也是教练

在本章的开始，我们之所以提到这三个教练（而不是传统的任课教师）是有很多原因的。

首先，我们要抵消那些无能者的令人厌恶的嘲讽，特别是当现实不尽如人意的时候：那些人往往不能胜任教学。许多顶尖的精英在各自领域教练培训时做得很糟糕，因为他们缺乏：（1）培养精英学生的学习活动顺序；（2）帮助学生找到改进机会所需的观察技能；（3）学习陷入困境时需要重教学生的耐心。

更重要的是，我们提倡教师把自己当作教练，因为我们相信教练的行为可以帮助教学。而教师的传统观点，往往只是单一地传授知识和信息，就像农民给鸡喂饲料一样，情感上漠不关心，不管它吃了没有。

然而，将教师视为教练，学生和教练共同承担学习责任，有助于改善学生的行为，并达到精通的水平。事实上，优秀教练和教师的本质是一样的。他们既要了解学生的学习情况，也要认识到他们需要改善的地方，并帮助他们做得更好。此外，正是教练式的教学使教师成为真正不可或缺的角色。虽然任何人手持一本书（或者是借助网络）就可以传授知识，但不是每个人都可以把书教好。还需要掌握多元化的知识、天赋和性格，才能教好学生。正如加布丽尔·道格拉斯对她的教练乔良的评价那样："他能激发出我们自己不知道的潜质。"

第十二章

学而时习之，不亦说乎

高中快毕业的时候，布莱恩亲身感受了书本知识与现实世界知识之间的区别。当时他用送报纸赚来的钱东拼西凑，和同学们一起去西班牙旅行。到了那儿不久，他就发现自己的西班牙语糟透了。尽管学了三年半的西班牙语，但他学到的祈使句寥寥无几，根本应付不了那些简单的指示语。他那贫乏的词汇量只够和房东家四岁的小孩儿在一起玩耍。小孩儿高兴地指着基本物品，看着这位反应迟钝的美国男孩费劲地说出它们的西班牙语名字。

幸运的是，他的西班牙语在这期间得到了极大的改善。回到美国后，他发现自己开始喜欢上西班牙语课了。牢记词汇表，掌握过去时、未完成过去时、过去完成时态的动词变位对于他有了真正的意义，因为他明白了自己如何能在实际交谈中用到这些内容。他清楚了自己还需要了解哪些知识点，这使得他在大学里重新学了一次西班牙语。

认识到知识在实际应用中的好处

正如布莱恩所经历过的那样，对于很多学生来说，学到的知识刚开始都没有用武之地，直到在现实世界中有机会做一些与他们学到知识相关的事情（即使处于模拟的场景之中）。在前面的章节中也提到过，如果学生从来没有机会来扩展和应用所学的知识，那么他们的新知识往往会随着时间的推移，而逐渐消失。另外，若新知识能应用于新的背景下，则更容易变成学生的长期记忆。简单地说，为了牢记新学的知识，学生需要将知识运用到实践当中去。

进入社会后，最重要的往往是一个人能否以创造性的方式应用知识。丹尼尔·平克指出，全球经济化改变了我们的工作，从原来那种循规蹈矩的程序化工作，变成了需要不断创新、探索的工作。换句话说，现在解决棘手的问题所要遵循的步骤不是从一开始就清晰明了，这其中需要人们的聪明才智、人际交往能力，以及创新力来解决这些问题。事实就是如此，麦肯锡公司的相关数据表明，在过去十年中，美国只有30%的新就业机会是日复一日、循规蹈矩的工作，而70%的工作则是复杂的，具有探索性质的工作。平克指出，这是大势所趋，因为那些规则性强、循规蹈矩的工作很容易实现自动化，或交由海外处理。

这就是问题的所在。大量研究表明，在美国很多课堂教学往往侧重于阶梯式、渐进式的流程，而不是通过探索解决问题。这种教学方式不是21世纪的企业（和我们的社会）所需要的。例如，在美国，学生留在校园里的时间越长，就会比其他发达国家的同龄人差得越远，无论是基本应试能力，应用知识的能力，还是解决复杂问题的能力上都是如此。

我们的课堂有什么不同之处？据研究人员所说，课堂教学与组织、技术或课程没有直接的关系。全世界所有的学生都会在教科书和课程中，遇到同样复杂的问题。研究人员曾深入研究美国教师的教学视频，并与国外教师的课堂相对比，由此发现了一个奇怪的现象：在美国的课堂上，教师总是会降低问题的难度，将启发式问题化为有某种规律的任务。他们可能将一个“开阔思维”的问题变成繁琐的程序，比如，面对计算三角形的面积这一问题，有的教师会直接把公式给学生，学生们只需照搬公式，换换其中的数字就能做出来了。最令人吃惊的是，几乎所有美国教师都没有采取“开阔思维”的方法去教课。取而代之的是，他们会将大多数的问题转化为程序化的练习，或直接给学生提供问题的答案。换句话说，教师把发散性问题转变成一种程式化步骤，学生们无法身临其境地去探索不同的解决问题方法，只能接受这种填鸭式教学。

不给学生提供学习机会的另一个后果，就是会让学校成为最无聊的地方。一项对大学生的调查发现，绝大多数学生将数学视为死记硬背的科目，而这与数学家们的看法背道而驰。在数学家的眼中，数学是一门实用的、能解决问题的、毫无记忆压力的学科。然而无独有偶，研究还表明，学生对重点学科的兴趣指数会在9岁左右时开始下降，并在整个中学时期持续走低。学生无法将自己在校学到的内容与校外的世界相连接，这似乎也是一些人中途辍学的主要原因之一。事实上，在辍学生中有五分之四（81%）的人表示，想要他们在学校学习的唯一动力，就是能学到一些在现实世界中有用的知识。

因此，在做教学计划时，教师应该问问自己：“学生将如何运用这个知识？”当然，还需要因人而异、因材施教。比如，可以选择下列方法：

- 开展一个项目，要求学生开发测试自己的科学假说。
- 写一篇作文，要求学生具有一定的研究能力，熟练使用语法，掌握一定的写作技巧。
- 做一个演示文稿，比较两个历史时期的类似事件（如罗马和大英帝国的衰落)。

- 将全班分成小组，研究出一个数学公式，能体现出工厂成本与生产规模之间的关系。

总之，直到老师帮助学生找到方法真正实现学以致用后，才算完成了一个完整的教学周期。这意味着我们应当去应用和扩展每天学到的所有知识。接下来我们将提供给教师几个完成学习周期的重要方法，帮助学生学以致用。

利用课堂讨论

课堂讨论和辩论是能引发学生深入思考的最佳方法之一。调查显示，学生所认为的最流行的教学方法即是“讨论和辩论”(61%的学生认为这个方法稍微有一些或者是非常有参与感)，然而对于老师讲课，只有26%的学生觉得比较有参与感。然而施莫克提醒我们，虽然，“一次热烈的讨论并不是毫无条理的，而是应该直接与学习目标相连”。

下面的这些策略可以帮助教师掌控整个讨论过程，让学生主动学习。

苏格拉底式的讨论会 苏格拉底研讨会适用于小学及以上的学生。在课堂讨论之前，学生先仔细研究文本。研讨会期间，将课桌围成一个圆圈，方便学生交流。教师要特别强调讨论标准(例如，尊重别人的意见，仔细倾听，不要打断他人说话)。教师提出开放式的问题，引发学生深刻的思考，激发他们的好奇心和批判性观点(例如，作者想要试图说明什么？他/她的观点有哪些？对此你有什么不同的观点吗？)。虽然教师负责提出问题，有时还需要矫正讨论的方向，但他们不要过多地干涉讨论过程，因为最终学生必须依靠他们自己展开讨论。

一锤定音方案　这种小组讨论活动特别适用反复讨论问题的情况。首先将学生分成每四人一组。每个学生用一分钟的时间，回答老师提出的问题，组内其他学生边听边做笔记。每组最后发言的学生可以做出“一锤定音的结论”。然后调换顺序，使组内每一个学生都有最后发言的机会。在讨论结束时，每个小组提出三个关键问题与全班同学分享。通过鼓励学生展开多次讨论，一锤定音的方案能够大大增加他们对文本的理解。

笔谈　笔谈（也被称为公开传条）是一个简单的方法。教师首先提出一个和文本有关的问题，引发学生的思考，再让学生简单写出自己的想法，最后全班传看。这个策略能让所有学生在同一时间参与到课堂讨论当中。

容易想象，如何把这些活动转换到讨论区、聊天室、博客，以及其他通信和协作工具等1：1的技术环境当中。所有这些策略的关键在于教师提出的问题，引导学生深入到文本当中，将其与他们的个人生活相联系，运用所学知识，或者通过仔细分析来推断出主题或产生新的想法。施莫克指出，“幸运的是，阅读文本并对其展开讨论，反过来也能为写作做好准备，因为写作需要思维达到一个更高的水平”。

利用写作任务

最近对93份研究的综合分析发现，写作对于学生来说至关重要。研究人员认为，这其中的原因是写作能够提升学生的思考能力，让学生在学习中变得更加专注，学会整合知识，提高理解力。事实上，研究人员发现，与交互教学、词汇教学以及为中学生制订阅读计划等常见的阅读干预措施相比，让学生根据阅读内容进行写作会对阅读理解有更加积极的影响。此外，这样做对于能力较低的学生来说获益更大，尤其是在这期间还有老师的写作指导。对于年龄小的学生或还不懂得用写作表达的学生，这个方法可以经过适当调整，加入语音记录日记、播客，或其他口头交流方式。

值得一提的是，与写作相关的作业，不必局限在语文课上。事实上，研究表明，写作是一个重要的学习方法，应当运用到所有学科中。施莫克指出，在学校里，如果科学教师要求学生写作和记笔记，那么79%的学生分数会达到良好的水平。相对而言，在没有这样要求的学校里，仅有25%的学生能达到良好水平。

班格特·德朗斯、赫尔利和威尔金森从写作对学生成绩影响的综合分析研究中得出结论，并非详细阐述或耗时长的写作才是有效的。事实上，这样做反而会挫伤学生的积极性或占用学生的上课时间，要花时间去应付新知识，所以有时间规定的写作任务会取得更好的效果。对学生来说，篇幅短、练习次数多的写作任务才是更好的选择，这能促使他们去思考和反思他们所学的知识，找到需要提高的地方。

下面的方法，可以帮助学生用写作来扩展、应用和反思自己的学习。

摘要叙述　摘要叙述是一个简单的写作任务，“学生构思自己的观点，并复述整件事件或经过”。这样的作业要求学生积极参与，同时也需要学生主动处理和理清他们所阅读的内容。

论文写作　论文写作作为一种有效的方式，能够帮助学生整合思维。设计一个有效的论文写作任务是十分重要的，要确保它与学习目标、学生的参与和挑战相一致。对于教师来说，为学生提供评分规则也是极其关键的一环，这样他们就会清楚如何以此对学生进行评估。我们建议，评分规则包括（但不限于）论文的观点、组织结构、文法、拼写，以及内容（即论文是否完成了任务所有要求）。为了进一步明确预期，给出规定时间或字数限制也是明智之举。

向范文取经 本杰明·富兰克林在年轻的时候曾通过细致研究在英国颇受欢迎的刊物《观察家》（*The Spectator*）来提高他的写作技巧。在读了喜欢的文章之后，他试图在脑海中逐字逐句地重建其结构，然后将他自己的草稿和原文相对比，以此来发现自己的缺点。就是这样，富兰克林大大提高了自己的写作能力。他最终以笔名穷理查自称，成为一个颇有成就的作家。其他领域的精英也采用了类似的方法；他们学习如何模仿大师的音乐或艺术，以此培养自己的天赋。在课堂上，教师可以让学生采取类似的做法，细致分析已经出版的作品，因为这些书籍更能吸引读者的目光、易于模仿且有说服力。教师可以帮助学生分析作者运用的这些方法或特征，这些效果对读者产生的作用，以及他们如何在自己的写作中运用同样的办法。然后，学生尝试模仿这个方法，并将其纳入自己的写作当中。

应用知识的项目

许多教师对应用于学生的项目爱恨交加。诚然，他们可能已经都看到了正确的方法如何吸引学生，帮助他们成为自主的、动力十足的学习者。然而，很多时候，方案没有按既定的安排进行，浪费了大量的时间，对学生的学习带来的好处也会越来越少。其实这并不奇怪，35份探究式科学策略的综合分析发现，与传统方法相比，学生成绩只有小幅度提高。该研究确实发现，学生的批判性思考有很大改进。这表明，有方案指导的学习效果更佳。另一项研究是在中学历史课的考试中将直接教学和方案化学习相结合（让学生制作一个简短的历史纪录片）。该研究发现，比起传统方法，学生使用这种方法能获得更多的知识。他们还获得了更多历史思考的技巧，增强解释史实的能力。

方案化的学习乏善可陈的其中一个原因，就是很多学生方案目的性太强，即为了寻求某种目的而形成的方案。幸运的是，研究表明，方案化的学习不仅是有效的，而且也是学生学习的重要组成部分。

明确你想让学生了解和整合哪些知识　重要的是要记住，方案服务于不同的目的，而不是以它来指导实践。指导实践的目的是帮助学生深化和巩固他们的技能和知识。另外，将设计的初衷定为帮助学生应用和整合现有的知识，这样的方案是最能让学生受益的。因此，它们往往作为一个单元或者一系列单元的总结才有意义。比如，有一项作业要求解释玛雅文明崩溃的各种原因，可能需要一个学生在自己的研究和语言表达中，整合之前所学过的有关玛雅以及其他已灭绝文明的相关知识。这里的关键是，为了避免方案任务陷入"目的性学习"，从一开始就要确定你期望学生掌握的知识和技能，以及你想要他们如何运用这些知识。

明确你想让学生在做方案的时候思考些什么　正如前面章节中所指出的那样，学生往往会记起他们所思考的内容。这意味着，方案化的学习应更加注重学生思考及知识的应用。不幸的是，现实的情况并非如此。例如，布莱恩最近观察到他的女儿正在参与中学外语课的学习项目。在过去的整个周末，她花了至少三个小时筛选杂志，从课堂实物中裁剪出相关图片，在图画纸上搭配，为它们制定出相应的价格并将它们粘贴到海报板上，让它看起来像学校商店的广告。她是否享受了这整个过程？坦白说并没有。她觉得浪费了自己的时间，因为从这次的劳动中真正获得的也许仅仅是20个词汇术语。她完全可以用单词卡片和15分钟的时间就可以获得这些知识。这项作业本身即是缘木求鱼，不仅没有锻炼到应用及整合外语知识中句子或段落的听说能力，也没引导她去思考她所要学习的语言。相反，她花了大部分时间去思考在哪里寻找图片、怎样剪切和粘贴。

围绕一个驱动性问题构建学习 避免方案陷入“为学习而学习”的另一个方法是要求学生围绕一个驱动性问题构建学习巴伦及其同事研究了驱动性问题的效果。研究人员发起了一个火箭模型建设项目。起初，大部分学生都不大了解火箭工作的真正原理。例如，有的学生想当然地认为该项目的目的是“了解如何建造火箭，然后看它能飞多高”。研究人员随后做出了修改，要求学生为美国宇航局设计一架火箭，设计完成后向全国的学生介绍它。在修改项目期间，学生把时间投入在调查（与思考）如果火箭被粉刷或者未完工，它是否能飞得更高；安装三个尾翼是否比四个效果好，以及圆头或尖头如何影响火箭的轨迹。研究人员发现，修订后的方案不仅可以帮助学生更深层次地理解知识的重要内容（如空气动力学原理），而且还能培养他们像科学家一样地思考。事实证明，驱动型的问题可以激发学生提出和论证假设，这是美国中部地区教育与学习研究所发现的支持学生学习最有效的方法之一。

启发式的问题

指导实践和延伸学习的另一个关键的区别是，对于前者而言，学生往往专注于解决规则性问题，例如，长除法一步步的程序，在并列复合句中哪里加逗号，或者如何灵活运用不规则动词。这些规则性的技能虽然是必不可少的，也是基础性的，但不应该是学习的最终目标，因为这个世界并不总是以简单直白的规则性问题呈现并得出结论。最终，我们希望学生做好解决复杂问题的准备，大到全球性的能源和环境问题，小到小规模的研究，如平衡家庭预算开支。

让我们清楚认识到这一点。有时候，解决问题和学习知识被认为是一个非此即彼的命题，好像知识和思维是两个独立的概念。事实上，新教师入职培训所使用的一些教科书也是在培养学生成为“批判性思维和解决问题的能手”和“向头脑中灌输知识”之间相抗衡。

我们并不认为知识和解决问题的能力是相互排斥的。相反，我们认为，学生应该学习知识，以便于应用它解决复杂问题。以下是一些小建议，让学生通过在课堂上解决复杂、启发式的问题，以此来拓展和应用知识。

要求学生提出和验证假设 回想一下，启发式的问题本质上没有预设要遵循的步骤。当学生提出和验证假设的时候，刚开始都一无所知，并不知道解决的办法。他们必须将现有的知识整合到一个假设中，然后选择出一个行动方案来检验他们的假设。因此，教师适合在课堂上解决复杂问题的时候使用这种策略。请记住，提出和验证假设，虽然是科学方法的核心，但不必局限于科学课堂上。例如，学生可能提出导致一个国家社会动荡情况的假设，然后在历史和当下的背景中检验这个假设。另外，学生可以了解作者系列丛书中一个反复出现的人物，基于人物之前的行动，开始对他未来的行动作出假设。要知道，这个方法并不是让学生去寻求一个正确的答案。此类方法特别适用于解决现实中的问题，比如找到一个更好的疏散路线。如果学生居住在一个海滨城市，或者在大选之年建议改善该国的表决程序，这样的活动应该是最有效的。

使用网络查询方案 这种方法需要学生花费一定量的时间在互联网或者利用其他资源搜索信息，然后在此基础上写出关于或创建新的产品。理想情况下，模拟学习情境应该是现实世界的缩小版，例如，确定如何解决无家可归者的需求。事实上，他们不应该像“网络寻宝游戏”那样指导学生去各种各样的网站查找低级的问题所对应的答案。

将一个完整的单元用于启发式教育　正如前面说过的那样，教师在介绍概念时，总是喜欢先介绍细节，再介绍整体。但研究表明，学生的思维可能更适合相反的方法：先整体，后局部。这表明，教师应该先围绕一个复杂的问题构建一个完整的单元，向学生介绍知识的细节或者引出解决启发式问题或更大问题的程序。比如，伊利诺伊大学动物科学学院教授围绕着一个复杂的问题设计了整个单元——农场主的奶牛患了一种不产奶的怪病，传统药物起不到任何治疗效果。为了解决这个问题，学生们需要学习的知识非常细碎零散，包括奶牛的疾病，谷仓环境如何影响到奶牛的健康，以及不同药物的药效如何。这个任务不仅能提高学生的参与性，还能帮助他们将这些知识整合起来，否则知识就是分散的、无关联的。

教学生解决问题的方法　最后，重要的是要记住，学生必须学会解决启发式的问题的方法，包括如何将它们分解成更小的问题，如何将过去解决类似问题的方法应用到新问题当中，如何在集体讨论的头脑风暴中找到解决问题的可行方法。

最后的思考：反思学习

虽然课堂讨论、写作业、在现实中应用，以及解决复杂问题等方式看起来似乎很容易，但研究表明，教师在课堂上并不常用这些方法。或许是因为在过去的二十年中，批判性思维和解决复杂问题并不是总体标准评估的考察内容，而这些标准化评估正是推动学校和教师问责机制的主要力量。如果将老话“一分耕耘，一分收获”视为箴言，那么教学方法会推动我们的考核系统，注重反思及应用批判性思维，让学生更善于解决问题。

幸运的是，这一现象正在改变。共同核心州立标准已经被45个州所采纳，明确着重强调数学概念知识和解决问题的能力，并将语文学科的知识整合为有说服力的写作和表达。以下两大评估体系对其起到了进一步的补充作用：智慧平衡评量联盟（SMARTER Balanced Assessment Consortium，SBAC）及大学与就业准备度评量伙伴联盟（Partnership for Assessment of Readiness for College and Careers，PARCC）。这两个评估体系的发起人表示，新的考核要求学生展示出对内容更深刻的理解。总之，新的标准将要求我们的学生不仅掌握了知识，还要表现出应用知识的能力。当然，这也是本章的主题。

虽然有些人可能坚持这种纯粹浪漫的想法：无拘无束的快乐学习可以激励学生。事实上，对于我们大多数人来说，我们所学到的一切，都是为了一个看似功利性的目的，即获得实现某种目的或者怀着高远、博学的目标去学习（或者重塑）我们所需要的知识和技能。无论是思维上还是行动上，我们必须使用新知识或者新技术来做事情，否则，就会像是得到一辆没有车钥匙的车一样。只是看着漂亮，实用性却不甚了了。

学生需要学以致用。他们应该可以用他们所学的数学知识去解决问题，用他们所掌握的语言能力来分析信息并说服其他人，用他们所学到的外语与他人沟通。布莱恩没能在上高中的时候掌握西班牙语最基本的交流句子，这虽然令人沮丧但并不十分可悲。真正的悲剧是学生不理解他们应该用所掌握的知识做些什么。当我们告诉学生如何学以致用并造福自己和他人的时候，我们才真正地帮助他们找到了学习的真谛。

小结

对目的明确的最后思考

对于大多数的教师，本章中描述的这种意向性和反思性实践并非一朝一夕可以培养的。每天百分之百全神贯注是一个挑战，即使是颇有成就的教师有时也会发现自己在一节课中间有走神的情况，“关于这个问题，我刚刚想到哪儿了？”

在《越简单越好》（*Simply Better*）一书中，我们将目的明确作为有效教学的试金石之一。也就是说，想要成为一个更好的老师，我们就需要不断地问自己，为什么我们要这样做。如果发现找不到一个很好的解释，我们就需要改变这些做法。

曾有人说，变化是不可避免的，但进步完全是人为的。如果这是真的，那么意向性对于一个优秀的教师来说至关重要。我们希望，读完本章您能有所收获，能听到自己心中传来的那个急迫的声音：“我为什么要这样做？”

THE 12 TOUCHSTONES OF GOOD TEACHING

结　论

甲壳虫乐队于1964年2月7日来到美国纽约，这是英国文化入侵的开始，该乐队一炮走红。他们那独创的颇具英伦范儿的“拖把头”吸引了大批年轻女性。他们以迅雷不及掩耳之势改变了美国的音乐界，成为经典乐队。事实上，他们成名的过程并不像看起来那样顺利。

马尔科姆·格拉德威尔在他的书《异类：不一样的成功启示录》（*Outliers: The Story of Success*）中指出，事实上，英国文化入侵几年前在德国汉堡的小酒吧里就开始了。甲壳虫乐队在成名之前在那里进行了历时长达一天八个小时，一周七天的五次巡回演出。在空降纽约之前，他们已经参与了多达1200场的现场演出，为观众奉上了千余小时的表演，收获了观众对演出的实时反馈，而大多数其他乐队在整个的职业生涯中都不会有如此多的演出。简而言之，他们的成功并非仅仅源自天赋或者好运，而是上万个小时亲身实践的结果。可以看出，无论你是音乐家、艺术家、外科医生、计算机程序员或者老师，这都是成功的必经之路。

找出自己的瓶颈

正如之前指出的那样，埃里克森多次发现，在任何一个领域辛勤耕耘一万个小时都可以达到最好的效果。大多数专业人士由于并没有把在工作上的每一分钟都投入在磨炼专业技艺上，因此经常要花上10年，甚至更长时间去累积上万个小时的刻意训练。这里要特别注意刻意二字，因为如果花费一万个小时漫不经心地做某项事情，就不能保证这个人能成为这个领域的专家。我们必须在这些时间里有意识地挑战自己，提高我们的技能，尤其是那些亟须提高的领域。

教师如何才能进行有意识的专业实践？一万个小时的训练规则是否适用于教育界？如果我们将教师在课堂上花费的时间按照每天五至六个小时，一年180天来算，那么教师平均每年在课堂上共花费900至1080小时。因此，我们可以算出，教师平均需要大约十年的时间，才能达到教学生涯的顶峰，并且其表现在前十年内会保持稳步上升的趋势。和甲壳虫乐队一样，教师需要在实战中不断磨炼、提高自己的技能。

我们在教育界看到的事实如此吗？好吧……其实不完全是。

一些纵向研究发现，在教师迈入工作岗位的第一年期间，其技能会大幅度的提高，大概是由于他们在设计教案的过程中，将职前教育所学内容纳入到了教学实践当中，并且学会了课堂管理的诀窍。然而，这种早期的技能增长速度往往会在几年后迅速放缓。一些研究人员观察到，“几乎没有证据表明，这种提高在入职后的三年还会继续”。总体而言，这个停滞不前的瓶颈时期所带来的后果就是，在课堂上，教学经验的丰富并不能体现在学生的表现上。比如，拥有二十多年教学经验的教师似乎不会比一个只有五年教学经验的教师在教学上强到哪儿去。

当然，值得一提的是，我们在这里谈论的只是普通教师，仍然有许多教师会在他们整个职业生涯中持续不断地提升他们的教学质量。我们可能会想当然地认为，教育工作者们都在年复一年努力提高自己的教学计划，开发新的和更优质的教学策略，并与一批批学生保持良好的人际关系。然而，研究表明，这样的教师少得可怜。留给我们的是令人费解的现实，许多（可能不是大多数）教师仅仅从业几年后就会达到了他们事业的瓶颈期，并且停滞不前。

仔细分析瓶颈期

用这种方式来结束一本帮助教师提高教学质量的书似乎显得过于平淡无奇。然而，往往最好的方法或希望就存在于那些枯燥无味的数据中。因此，我们必须找到导致教师在课堂上短短几年之后就达到瓶颈期的原因。

这方面存在着许多不同的解释。经济学家和政策专家认为是缺乏经济上的诱惑，让教师不会去主动提高职业表现。还有人认为是激励机制存在问题，总是鼓励高技能的教师离开课堂，成为管理者或其他类型的专家。美国现有的教学团队都是些薪酬较低的教师，他们的待遇与专家们的待遇相差甚远。我们可能还有很多其他政策问题需要深入研究，包括招聘、激励以及绩效评估，但是我们在这里先不讨论这些政策性的问题，它们并不是本书的重点，更不必说对教师的管理。这本书是为大多数教师而写的。

比这些更重要的是我们没有对教师的瓶颈期给出解释。例如，在某种程度上，我们不认为教学比其他职业更容易，或者只需要几年就能对这项工作驾轻就熟。事实上，如果非要找出我们的清单所揭示的事实，那就是教学是一个非常复杂的工作：它需要智慧，专业领域的知识、创造力，鼓舞学生学习的激情，以及专业成长能力和引领学生学习不断迈向成功的能力。鉴于这种复杂性，我们认为成为一位伟大的教师与掌握小提琴、花样滑冰、外科手术或下棋相比不相上下，各个领域都适用一万小时定律。总之，如果教师十年如一日地磨炼优质教学的所有内容，那么这样的教师一定会在教学上获得成功。

我们认为，大多数老师本身并不想让自己在专业上毫无提高或毫无自我突破。马斯洛告诉我们，这种提高与自我突破是需求层次的顶峰。事实上，我们相信大多数老师确实想提高自己的技能，但他们可能同其他行业的人们一样，陷入相同的行为惯性之中。

打破行为惯性

艾瑞克森和他的同事们注意到，我们当中的许多人在学习一项新技能时，经常会遇到瓶颈时期。经历了一个最初的陡峭学习曲线之后，我们达到了一个节点，意味着我们的表现已经达到了一定的程度，我们可以在此休息片刻，享受成功。如果你是一个高尔夫球手，你的前几次出场可能在粗草区。毫无疑问，你很快就会明白为什么马克·吐温会讽刺地说“打高尔夫是宠坏了的散步”并决定接受一些教训，在练习场打几桶球，在果岭花上一些时间多多练习。根据艾瑞克森所说的，在相当短的时间（50小时）内，你就可以达到高尔夫的初级水平。您的击球或多或少会变得游刃有余，比赛将变得不那么沮丧，会令人更加愉快。

然而，除非你坚持不懈地提高自己的球技，否则你的高尔夫分数可能在开始的时候大大提高，但很快就进入瓶颈时期。艾瑞克森提醒道：“如果缺乏刻意的练习，在球场上的大多数时间不会大幅提高你的表现，因此你现有的水平会保持在同一水平线上长达几十年之久。”

同样的事情也发生在大多数教师身上。在刚入职的第一二年里，教学上的种种方面都会变得驾轻就熟。我们将学会如何管理课堂，如何高效地评分，并制定一套完整可行的方案，可随时支配时间批改学生的作业。这项工作会变得不那么叫人沮丧，也令人更加愉快。我们会感觉到第一次走进课堂的恐慌感早已一去不复返了。我们过去不得不批改的摞成堆的作业现在看起来并不那么高了。我们开发了一种“既来之则安之”的方式，以应对行为不端的学生，难应付的家长，以及不同领域的代课教师。

然而，正如艾瑞克森提醒的那样，缺乏刻意练习，即使我们在教室里摸爬滚打了几年，甚至几十年，我们的表现很可能在达到一定水平后就不会再有所提高。这并不意味着，大多数教师在工作几年后放弃了对自身专业的提升，只是像花样滑冰运动员练习他们已经掌握的跳跃和旋转那样，他们没有对自己最有成长的空间进行刻意拓展。

如果一位教师掌握了大量教学策略，却难以和学生融洽相处，即使他不断提高自己的教学方法，也不会在教学领域有显著的提高。同样，与人为善的教师虽然会和他的学生融洽相处，但如果他在教学方法上总是特立独行，只关注学生的参与性，与学校的其他课程格格不入的话，那么他的教学效果也不会有任何起色。同样，一位教师虽然对学生能够悉心指导，但如果她只是一味地去提高对学生的要求，而缺乏刻意的教学策略，还是不能在教学方面有任何提高。因此，这些教师都将到达他们的专业瓶颈期。

对教师来说，这种瓶颈时期会像一种惯性。在我们职业发展到这个阶段时，我们便开始发出质疑，“难道这就是全部了吗？”然后开始乏味地做同样的事情，年复一年，一眨眼就是几十年。如果你已经经历过（或正在经历）这样的惯性，那么我们希望这本书会提供一条出路，一种重新审视自己的实践和思考如何在未来的岁月里过得充实的方法，向自己提出挑战并不断实现自我。我们也希望这本书能为你带来一些更深层次的启发，请看下面这个简短的故事。

克服“温彻斯特神秘屋”效应

在加利福尼亚州圣何塞市280号州际公路上，矗立着温彻斯特神秘屋，它被人们称为“世界上最奇怪的房屋”。它是由莎拉·温彻斯特建造的，她坐拥的2000万美元的财富（和饱受折磨的灵魂），这些财富都来自于她丈夫的步枪公司。她中年时沦为寡妇，她开始相信自己被美国印第安人、美国内战士兵，以及其他被温彻斯特步枪杀害的遇难者的灵魂所纠缠，所以她觉得有责任建造一座宅邸以容纳他们的魂魄。工匠们在宅邸里夜以继日地劳作，在过去的38年里不停歇地建造和重建着房间，在没有图纸指引他们的情况下，不停地对房子进行修建。

据说当年曾建了600多个房间，但由于有很多房间被取代或重建，现在仅留下了160间。所有这些无休止的劳作和投资的结果，最终被昂贵的家具和精致的装饰品堆砌成一副令人费解的结构。房间里根本不能顺畅通行，里面一片混乱。楼梯被天花板压塌堵死，打开门便是斑驳的墙面，还有一些陈旧的客房已经被锁了起来，常年与世隔绝。

从许多方面来看，教学实践一开始就与温彻斯特神秘屋很像。从职教生涯的第一天起，教师就会不断遭遇到来自书本、研讨会的挑战，以及管理者要求他们在现有的技能方法上建立新实践体系的瓶颈。会有很多新方法突然浮现于脑海中：应对干预、差异化教学、教学风格、文化回应指令、设计瑕疵、结构主义、探究式教学、技术整合以及方向指示明确化……

的确，任何一种方法都是很不错的选择。有一些可能对教师的教学方法起到锦上添花的作用，明确指出教师应该做什么。然而，它们有时会令人应接不暇，让教师永远无法在掌握了一种方法之后，再继续了解下一个。另外，如果没有一个宏伟蓝图或是优质教学的视野，教师不得不自己弄明白如何将不同的方法结合在一起。

那么，结果就会像温彻斯特神秘屋一样，虽然动用了专业的力量，却是一场凌乱且贫乏的拼凑。教师在专业发展的道路上花费很多年，他们不断磨合实践，将新的方法融入他们的技巧之中，为尚未掌握的策略创建未完工的阶梯，同时也埋没了一些绝好方法。新举措的不断推出同样也会让教师对专业发展漠不关心，因为他们知道这些风行一时的方法必定会被明年推出的新方法所取代。

相比之下，专家和研究人员已经发现，基于专业领域重要内容已经开发出了专属他们知识结构的深层原理模式或框架。因此，当他们面临这些新的想法时，他们轻易就会看到，这些观点如何补充深层原理或者与其背道而驰，并且他们知道他们可能将这些新概念融入他们现有的想法或者实践之中。当新的概念与他们的模式发生冲突时，专家要么放弃这些想法，要么重新检查，然后改善他们的理论框架。

有了这一切想法，我们希望这本书为您提供的不仅仅是一张普通的清单，而是一张拓展你对专业教学深层原理理解的蓝图，让你开始考虑如何将它们应用到你的课堂上。我们希望，无论你是新入职的教师，还是经验丰富的教师，这12件每天需要完成的事情能帮助你在专业上有所提升，也可以进一步打磨你自己的专业架构。本书所讲的并不是一个新理念或新方法，我们希望的是，你能在今后的日子中，在把这些想法融入你的整体教学框架时，能够发出一声由衷的感叹。简而言之，你将品尝到这些新思想的甘甜，并将其融入实践中去。

驾轻就熟地运用

我们要补充的是，我们没有对优秀老师应该在课堂上做些什么下最终结论。相反，我们希望这本书可以起到一个起点和平台的作用，帮助您创建专属你自己的专业教学模式。我们还认识到，多年来，有许多其他有经验的人士也捕捉到了优秀老师应该做些什么。我们提供这个框架并不是要去质疑或反驳其他学者的工作，我们也没有否定他们的劳动，特别是如果教育工作者认为这些方法有用的时候。

本书的初衷与前辈们的作品稍有不同。我们认为，没有必要（以一种不同的方式）对教师自身所有事情进行复制。相反，我们试图从过去几十年累积的庞大研究和编纂完成的知识体系中提炼出一组相对简单、易于管理的概念，探索发现哪些是课堂中最重要的事情。此外，正如我们在引言中所指出的那样，我们的目的不是建立一张老师不费心思就可以勾划掉需要做什么事情的清单，而是让教师在他们的实践中变得越来越有目的性，建立一张从深层原则重要性中提取出来的标明待办事项原因的清单。

有时，这看起来有些像《大河之恋》（A River Runs Through It）中的场景。在遥远的蒙大拿牧场上，父亲就是孩子们的老师。其中一个孩子给父亲交出了一篇散文。父亲读了这篇散文，点头称赞，然后说道，“把这篇文章的长度减半。”儿子又回去把散文缩写了，父亲读后连连称赞，不过他再一次说：“再一次，减半。”

最初，我们发现老师每天至少应该做二十多件事情，这似乎违背了我们的初衷。我们计算过，没有人能一次性记住很多概念，或者将它们完全吸收。我们应当告诉自己“把它们减半”。在经过一番悉心考量和仔细斟酌之后，我们把清单上的事情减少到16项。虽然略好于之前的版本，但还是太长了。然后，我们对这张清单再三返工，最后缩减到了12项，也就是现在的版本。通过不断“减半”的过程，我们希望我们已经创建了一套行之有效的重要指导原则。

也许在未来，别人会把这份清单“再次减半”。我们欢迎大家做这样的尝试。不仅如此，我们还欢迎并鼓励广大教师分享专业想法。我们希望本书中简单易懂的框架能辅助你的思考，也能在你与同行、教师以及学校管理者的谈话上给予指导。为此，我们希望您能在运用的过程中努力克服困难、做出适当调整，最后熟练地驾驭它，使它成为你的专属。

一路顺风

网球大满贯得主亚瑟·阿什曾说过：“成功是一段旅程，并非一个终点。过程通常比结果更重要。”他的这番话不禁让人感叹，当我们在路上想要表现得更好时，我们一定要把重点聚焦于（或者必须享受到）努力过程中的行为上，不要对成功过度迷恋，或者变得十分焦虑。

在进步的道路上，最大的困难就是，我们要说服自己，我们已经掌握了所有该掌握的知识。正像皮特·霍尔和阿利萨·西默若所观察到的那样，对于教师来说，最难克服的障碍莫过于陷入这样一种观念，即当他们发现一套对于大部分学生在大多数时间内能起到效用的做法时，他们开始相信这个做法是独一无二的最佳策略，而其他方法一定是错误的。

事实证明，具备一定的专业知识可以开发出更多的熟练性，尤其是一旦我们对一套做法变得越来越游刃有余的时候，我们就会丧失从头再来的热情，对新的做法也不会精益求精了。当我们在尝试新的东西遭遇失败时（这件事情是我们经常做的），我们会说服自己，其实老办法总是略胜一筹，然后再次回到熟悉（但效果差强人意）的做法中。

我们希望本书可以鼓励你尝试一些新的东西，或者是一些新的做法。但在这里，我们要提醒读者：你在前几次尝试这些做法时，很可能失败。你会感觉到你像一个外行人那样一试再试。这是肯定的。美国前国会图书馆馆长、美国普利策奖最佳历史学获得者丹尼尔·布尔斯廷也曾发现，当我们尝试一些新的领域，并且对我们正在做的事情尚不明确时，我们往往会在其中发挥最大的创造力。正如他指出的那样，专家往往会陷入他们的思维惯性中，相比之下，业余爱好者反而能发现做事情的新方法，不会受到思维惯性的干扰。因此，正是那些外行人经常有勇气（无知者无畏）去承担风险，并勇于创造新的可能性。

简而言之，当我们已经成为专家时，我们会自然而然地远离思维的创新，找不到更好的解决方案，不会有所提高。相反，想要发展专业技能，就要让自己永远保持一颗“菜鸟”之心，做好活到老学到老的准备，永远不要让自己到达终点，成为“专家”。

当然，享受努力的过程并不意味着我们应该停下来，不再为成为一名优秀教师而忙碌。相反，它需要探险家那样的冒险意识，总是期待着下一个地平线。我们提供的这12件每日必做的事情清单并不只是一句简单的秘诀，承诺“如果你做了这些事情，你就会成为一名专家”。我们是想让你对其进行深入思考，把它当作一张你的旅游地图。本书的初衷并不是让你每天完成这12件事情后，放到一边，撒手不管，而是希望你能努力完成其中的每一项，每一天都能有所进步。

我们很荣幸能在优质教学的路上陪伴你一路走来。希望你能尽情享受接下来的旅途，在追求优质教学的路上阔步向前。

附录：教师每日专注的12件事

	清单项目	是什么	重要性
严格要求	☑ 我用标准指导学生每次的学习	教师分解标准，以确定哪些是学生需要知道的和有能力完成的，还确定其中的大体思路以引导课程的每个单元的安排。标准并非放之四海皆准的方法，而是为创意课程和学生主动学习提供一个平台。	学生成功在学校中最相关的因素就是学习的机会，也就是课程安排同标准和评估相匹配的程度。同标准匹配的课程和单元设置保证了为学生留出挑战的空间，并且不会在学习过程中出现知识的脱节或冗余。
	☑ 我确保学生每节课都有个人学习目标	教师为学生设定学习上有挑战性的长远目标，并将其分化成易于实现的短期任务目标，以此来帮助学生挑战自我。教师教学要以终为始，以学习任务去指导每节课和每个单元的安排。	学生取得成功的一个最强烈的影响力是对命运的把控，也就是相信有能力去控制自己的学习。通过制定和实现小目标，可以培养学生的命运掌控，学会乐观面对以及积极接受新挑战。研究表明，教师的成效很大程度上归结于针对学习任务有目的的教授。
	☑ 我能让学生直接了解我的期待	教师运用评价量规（所谓“量规”，是一种界定清晰的、用来对学生的表现或作品进行评分或等级评定的评估工具）等方法确保学生知道他们的表现将如何被评估。他们用标准指导学生提高，并实现教师从一个知识的给予者逐渐成为帮助学生实现学习目标的角色转换。	研究表明，明晰的评价量规能够通过帮助学生专注于学习，提升他们的学习成绩。量规也可以激发内在动力，帮助学生找出并完成自己的“古迪洛克带”挑战，这样的任务难度对他们来说才是合适的。
	☑ 比起高要求我更注重学生的理解	教师确保课程成绩如实反映学生的学习程度，尽量减少非学术因素，如努力程度以及行为表现和家庭作业在最终成绩中的比例。教师还需利用适当的评估方法鼓励批判性思维，并且让学生挑战自己，实现高期待。	研究表明，分数膨胀仍然是一个确实存在的现象，它给了学生一个假象，即他们为之后严格的学习已经做好了准备。但其实有可能是因为现在的课程成绩往往包含了非学术因素的大杂烩，降低了对学生的期待。

	清单项目	是什么	重要性
鼎力相助	☑ 每堂课我都能抓住学生的兴趣	教师刚开始上课就吸引住学生的兴趣，并在整节课和整个学习单元中使用各种技巧，激发他们学习的积极性，包括提供学习活动的选择，围绕着课程设下一些未解的秘密和谜题，引入新颖和多样的教学手段等。	学生的学习动机比学习能力对学生成功的影响更大。然而，有研究发现，学生在学校的时间越长，他们对核心课程的兴趣越逐步下降。因此，为学生的学习提供更多的选择可以提高内在的动力。另外，我们的大脑天生就善于关注新奇事物、谜题以及解决问题。
	☑ 我注意与每个学生互动	教师与学生互动，了解他们，可以表明教师个人对学生的兴趣。他们还将积极向上的性格或人格带到课堂上，提高学习热情并为学生做出榜样，让学生了解这一学科领域为何值得毕生追求。	相关研究表明，和教师联系不多的学生很可能不喜欢学校。同时，共情、温暖、包容，以及对学生的社会和情感需求敏感，对学生的表现有很大的积极影响。
	☑ 我用反馈激发学生努力	教师为学生提供关于学习目标的定期和及时的反馈，同时要保证反馈是成长型而非控制型的。反馈可以帮助学生看到，自己的努力如何能够走向成功，同时让学生有机会进行自我和相互评估。教师也要确保反馈的可行性，并针对每个学生的需求因材施教。	在所有教学实践中，有效的反馈对学生成功的影响是最大的。当反馈与学习目标相关联并且是非控制性的时候，反馈才是最有效的。这样的反馈可以帮助学生建立一个成长的心态，让他们看到学习能力是可以培养的。
	☑ 学生在我的课堂上安全且受到尊重	教师应为行为举止和不当行为的后果建立清晰的规则，以确保所有学生都能在学习中享有归属感，能够参与课堂讨论。教师也应该保持警醒，当学生有不当行为或不当行为的趋势时，应做出快速的反应。通过创造积极的环境，鼓励积极的行为，教师为学生提供了学习上的支持。	很多学生觉得自己在学校不受欢迎。如果安全和尊重的基本需求没有得到更多的满足，学生很难投入学习。最有效的行为管理方法可以在惩罚不当行为和奖励良好行为之间做出平衡，也能够在整个校园中推行明确的行为规范，促进校园和谐。

	清单项目	是什么	重要性
目的明确	☑ 我充分利用了每一分钟	教师对课程有规划，确保学生课堂学习的高效性。同时还要制定一定的规则，确保活动之间的过渡和班级的日常工作。教师和同事们协作可以减少因通知、集会和其他分散精力的事情所造成的教学时间被迫中断。	每节课浪费几分钟，可以造成每学期损失几周的学习时间。与社会经济地位相比，用在教学上的时间对学生的成绩有着更加显著的影响。更重要的是真正的学习时间，也就是学生实际花在任务和学习上的时间。
	☑ 我帮助学生深刻掌握知识	教师帮助学生关联新学到的知识同之前已经掌握的知识。他们帮助学生将知识形成有意义的框架，将分散的信息整合成相互关联的框架。教师会考虑到学生们会如何思考学习内容，并且目的是专注于深入思考。	学习的目标是深刻理解知识——联想的能力、找到框架，并将学到的知识运用到新的背景之中——这也是记忆的关键。有效的教学策略并不总是有效果，需要根据有经验的老师，根据教授知识的不同来不断挖掘。
	☑ 我培训学生成为大师	教师不断检查学生掌握知识的程度，清楚哪些概念或技能是学生还没有掌握的，根据需要以帮助学生重新掌握知识。他们还为学生提供专门的练习机会，专注于开发学生必须掌握的技能和知识。	研究表明，精英行为的其中一个关键因素就是有一个类似教练的人物，将他们的训练集中在最需要的领域。研究还发现，亲自实践要比家庭作业的效果更胜一筹，这表明家庭作业可被视为一种专门训练的机会。
	☑ 学而时习之，不亦说乎	教师使用结构化的课堂讨论和写作练习，帮助学生拓宽他们的学习范畴。他们使用专案式学习，复杂或启发式的问题解决任务，去帮助学生将新学到的知识整合应用到新的环境之中。这种任务并非简单形式上的替换，而是建立在知识内容上。	当学生没有机会扩展和运用所学知识时，他们获得的新知识会逐渐从他们的记忆中褪色。解决复杂问题或启发式任务的能力在工作中备受青睐，也为学生所重视。当学生有机会将所学投入到现实世界中时，他们会更愿意参与到其中。

关于作者

布莱恩·古德温（Bryan Goodwin）

布莱恩·古德温，中部大陆地区教育实验中心（McREL）首席运营官。古德温本科毕业于贝勒大学，并获得弗吉尼亚大学硕士学位，曾经在学校当过老师，同时也是一位屡获殊荣的记者，现为《教育领导》（*Educational Leadership*）杂志月度研究专栏作家。著有《越简单越好：做最重要的事情提高学生成功的机会》（*Simply Better：Doing What Matters Most to Change the Odds for Student Success*）以及《学校教育的未来：2020年美国教育》（*The Future of Schooling：Educating America in 2020*）。他提出的研究成果和见解，赢得了美国、加拿大以及澳大利亚等地众多读者的关注和认可。

伊丽莎白·罗斯·哈贝尔（Elizabeth Ross Hubbell）

伊丽莎白·罗斯·哈贝尔，McREL中心教育成效工作室的首席监督顾问。她带头研发了功能强大的巡堂软件PowerWalkthrough，并出版著作《行之有效的课题教学技术手段》（*Using Technology with Classroom*

Instruction That Works)。同时，她的咨询服务还包括开展教学技术审查以及运用情景规划，帮助组织机构制定未来战略。

在加入McREL中心之前，伊丽莎白曾担任发展级课程主任和小学教师，致力于将21世纪学习环境与蒙台梭利理念相结合。先后获得乔治亚大学幼儿/小学教育理学学士学位及科罗拉多大学丹佛分校信息和学习技术文学硕士学位。

中部大陆地区教育实验中心（McREL）

中部大陆地区教育实验中心（McREL）是美国国家认可的、非营利性的教育研究和发展组织，总部设在科罗拉多州丹佛市，在檀香山、夏威夷和澳大利亚墨尔本设有办事处。自1966年以来，中部大陆地区教育实验中心扶持翻译研究和专业知识，致力于将教育转化为服务于教育工作者的实践指导。

“常青藤”书系—中青文教师用书总目录

书名	书号	定价
“走遍世界看教育”系列		
美国学生游戏与素质训练手册：培养孩子合作、自尊、沟通、情商的103种教育游戏	9787515325156	36.00
全脑教学：影响全球300万教师的教学指导书	9787515323169	38.00
世界最好的教育给父母和教师的45堂必修课（《芬兰教育全球第一的秘密》2）	9787500692423	28.00
芬兰教育全球第一的秘密（珍藏版）（《中国教育报》等主流媒体专题推荐，台湾教育类畅销书榜第一名）	9787500687436	28.00
7个习惯教出优秀学生（全球第一畅销书《高效能人士的七个习惯》教师版）	9787500687948	29.00
美国最好的中学是怎样的——让孩子成为学习高手的乐园（白金版）	9787500685838	28.00
“世界名师新经典”系列		
★给教师的101条建议（增订图文版）（《中国教育报》“2009年最佳图书”奖）	9787500673842	27.80
高效能教师的时间管理法	9787515321073	35.00
来自美国最优秀教师的建议（入选《中国教育报》“2010年影响教师的100本书”）	9787500694427	25.00
优秀教师一定要知道的17件事（美国当前最有影响教育畅销书作者全新力作）	9787500671961	23.00
优秀教师是这样炼成的：用心教育	9787500672555	23.80
下课后来找我：资深老师给同行的建议	9787515307114	28.00
优秀教师一定要读的60个教育故事（传达60种爱的教育方式）	9787500696285	25.00
高中课堂管理-行为管理的9项策略（第二版）（被誉为美国“课堂管理圣经”）	9787500695714	29.00
快乐山巅：从亿万富翁到优秀教师	9787500695189	20.00
美国最优秀教师的自白（新版）（进入地方学校、教育机构教育用书征订目录）	9787500683001	26.00
优秀教师的课堂艺术（白金版）（第一本唤醒教师快乐积极的教学技能手册）	9787500654001	26.00
怎么做孩子会爱上学习（入选“21世纪中国教师必读的百种好书”，《中国教育报》“2010年影响教师的100本书”）	9787500685968	22.00
“好老师教学策略”系列		
★改善学生课堂表现的50个方法（入选《中国教育报》2010年和2011年“影响教师的100本书”）	9787500693536	23.80
★从优秀教师到卓越教师：极具影响力的日常教学策略（入选浙江省教师节用书）	9787515312378	33.80
10分钟培训：高效能教师的40个快速训练法	9787515320519	32.00

书名	书号	定价
彻底走出教学误区：开启轻松智能课堂管理的45个方法	9787515322285	28.00
天天向上：中学教学问题解决手册	9787515321202	29.00
打造优秀班级的15个秘密	9787515319117	28.00
13个教学难题解决手册	9787515320502	28.00
让每个学生主动参与学习的37个技巧	9787515320526	28.00
快速调动学生参与的99个方法（被誉为美国调动学生参与最有价值之书）	9787515317069	31.90
教学可以很简单：高效能教师轻松教学7法	9787515314457	25.00
快速改善课堂纪律的75个方法（白金版）	9787515313665	28.00
高效能教师备课完全指南	9787515312361	23.80
开始和结束一堂课的50个好创意	9787515312071	19.80
好老师激励后进生的21个课堂技巧	9787515311838	23.80
提高学生学习效率的9种教学方法	9787515310954	27.80
老师怎么说，学生才会听（白金版）	9787515312057	28.00
好老师说服难缠家长的16堂课（入选《中国教育报》“2010年影响教师的100本书”）	9787500688778	23.80
好老师应对课堂挑战的25个方法（珍藏版）（《给教师的101条建议》作者新书）	9787500699378	25.00
好老师因材施教的12个方法（美国著名教师伊莉莎白“好老师”三部曲）	9787500694847	22.00
好老师征服后进生的14堂课（珍藏版）（美国著名教师伊莉莎白“好老师”三部曲）	9787500693819	25.00
好老师可以避免的20个课堂错误（白金版）（入选《中国教育报》“2010年影响教师的100本书”）	9787500688785	21.50
万人迷老师养成宝典（珍藏版）（入选《中国教育报》“2010年影响教师的100本书”）	9787500689300	23.00
我是这样和家长沟通的：美国当代名师写给家长的信（入选《中国教育报》“2010年影响教师的100本书”）	9787500684572	20.00
“先锋教育”系列		
如何培训高效能教师：来自全美权威教师培训项目的建议	9787515324685	32.00
★ 如何成为高效能老师（美国最畅销教师用书，销量超过350万册，最专业、最权威、最系统的教师培训第一书）	9787515301747	68.00
如何打造高效能课堂（美国《学习》杂志“教师必选”奖，“激励教师组织”推荐书目）	9787500680666	29.00
快乐教学：如何让学生积极与你互动（入选《中国教育报》2010年和2011年“影响教师的100本书”）	9787500696087	29.00

书名	书号	定价
那些让孩子感到幸福的事儿——给父母和老师的建议书（《中国教育报》“2010年特别推荐奖”，新闻出版总署“2010年大众最喜爱的50种图书”）	9787500692072	25.00
人大附中高考作文取胜之道	9787515320694	33.80
杰出青少年的14堂人生哲学课	9787500696742	25.00
优秀班主任的50条建议：师德教育感动读本（《中国教育报》专题推荐）	9787515305752	23.00
爱·上课（李希贵、窦桂梅推荐，教育界真实版《麦田里的守望者》）	9787500693383	23.00
爱·读书（李希贵、窦桂梅推荐，中国版《窗边的小豆豆》，诠释中国教师《爱的教育》）	9787500693918	25.00
凭什么让学生服你（增订版）	9787500675204	26.00
别和青春期的孩子较劲（增订版）（入选《中国教育报》“2009年影响教师的100本书”）	9787500676232	28.00
教师、学生和家长焦点难题解决方案（升级版）（入选《中国教育报》“2011年影响教师的100本书”）	9787500672906	35.60
培养高情商学生的7堂必修课（新版）	9787500686088	28.00
“新教育实验基地”系列		
让学生爱上学习的165个课堂游戏	9787515319032	39.00
设计和管理最优班级实用手册	9787515317731	49.00
杰出青少年构建内心世界的5个坐标（中国青少年成长公开课）	9787515314952	59.00
88种美国中小学经典课堂教学活动	9787515314419	32.00
老师没讲的24件事（引爆千万人感动、教育界深思的励志佳作）	9787500698418	19.00
每天10分钟，发现孩子的6项潜能	9787500679905	24.80
跳出教育的盒子：从优秀到卓越教师的成功策略（美国中小学教学经典畅销书）	9787500689508	35.00
杰出青少年的7个习惯（精英版）（中小学图书馆推荐书目、中国青少年必读书目）	9787500649083	28.00
杰出青少年的6个决定（领袖版）（中小学图书馆推荐书目、中国青少年必读书目、全国优秀出版物奖）	9787500672241	28.00
打开生命的16封信：生命教育经典范本	9787500699408	21.50
如何成为尖子生（新版）（事半功倍的高效学习方法，3小时成为学习高手）	9787500668596	23.00
学习之道：美国公认学习第一书	9787500679240	28.00
躺着，也能学好数学	9787500688556	27.00
英美中小学都在玩儿的数学游戏：多少只袜子是一双	9787500688884	25.80

书名	书号	定价
小偷也要懂牛顿	9787500688020	20.00
“教师专业成长”系列		
如何更好地教学：优秀教师一定要知道的事（被英国教育界奉为圣经的教学用书）	9787515324609	36.00
师范学院学不到的（新版）	9787500679455	28.00
名师谈阅读教写作：真正思考语文课的终极目标问题	9787500692966	29.00
高效能教师的9个习惯（教师职业成长“圣经”）	9787500699316	23.00
教师职业的9个角色（白金版）（美国国家教育学会教师教育委员会、哥伦比亚大学教育学院推荐书目）	9787500681014	23.80
教师健康的38个细节	9787500673033	22.00
给年轻老师的信（真希望我年轻时就懂的道理）	9787500696834	23.00
年轻教师的五项修炼	9787500694304	23.00
是什么让教师不断进步（升级版）(入选《中国教育报》“2011年影响教师的100本书”)	9787500672401	23.80
班主任一定要面对的9个问题（新版）	9787500672937	22.00
教师应该做到的和能够做到的（白金版）（美国中小学教师指定培训教材）	9787500669401	33.00
教师一定要思考的四个问题：今天，我们怎样做教师（增订版）	9787500668565	27.90
教师压力管理的10堂课（第一本全面关注教师工作和生活压力的书）	9787500686569	20.00
如何成为优秀教师：英美教师职业成长“圣经”	9787500672920	26.00
中小学心理教师的10项修炼	9787515309347	36.00
“一本书读懂世界教育家”系列		
和优秀教师一起读卢梭	9787500698326	23.00
和优秀教师一起读福禄培尔	9787500698807	23.00
和优秀教师一起读蒙台梭利	9787500698333	23.00
和优秀教师一起读杜威	9787500699071	27.00
和优秀教师一起读马卡连柯	9787500698609	27.00
和优秀教师一起读苏霍姆林斯基	9787500698401	27.00
“优秀校长之道”系列		
校长时间管理的9项策略	9787500695851	23.00

书名	书号	定价
20位美国优秀校长如何创建好学校	9787500695707	23.00
创新型学校：给学校管理者的9个策略（入选《中国教育报》2010年和2011年“影响教师的100本书”）	9787500693628	23.00
如何调动和激励教师（增订版）（入选《中国教育报》2009年和2011年“影响教师的100本书”）	9787500673828	29.00
给校长的127条建议（入选《中国教育报》2010年和2011年“影响教师的100本书”）	9787500694779	23.00
优秀校长一定要做的18件事（入选《中国教育报》“2009年影响教师的100本书”）	9787500673835	26.00
如何提升学校的内力（升级版）	9787500672159	21.80
美国获奖中小学校长的建议（新版）（美国教育界精英校长的经验分享）	9787500675211	29.90
优秀小学校长一定要知道的30件事	9787500674115	19.00
“中小学教师学科必备”系列		
优秀小学语文教师一定要知道的7件事（窦桂梅畅销作品）	9787500674139	23.80
优秀小学数学教师一定要知道的7件事	9787500675181	19.00
优秀小学班主任一定要知道的8件事	9787500676607	16.00
教师延伸悦读		
高效能人士的七个习惯（全球头号畅销书）	9787500649038	49.00
首先，打破一切常规（盖洛普管理经典系列）	9787500647508	48.00
盖洛普优势识别器2.0：《现在，发现你的优势》（升级版）	9787515308036	68.00
夏烈教授给高中生的19场讲座（入选《中国教育报》“2013年最受教师欢迎的100本书”）	9787515318813	29.90
史上最简单的问题解决手册——高效能人士做决定的51个思考模型	9787515310961	28.00
练习的力量：把事情做到更好的42法则	9787515310022	39.00
如何把事情做到最好	9787515321813	29.90